Drone 실무자들의 현장 기법

드론 제작 노트

드론 제작 노트

초판 1쇄 인쇄 | 2018년 12월 20일
초판 1쇄 발행 | 2018년 12월 25일

지 은 이 | 양정환
발 행 인 | 이상만
발 행 처 | 정보문화사

책임편집 | 최동진
편집진행 | 노미라
일러스트 | 리리어뭉
엔지니어 | 오현수

주　　 소 | 서울시 종로구 대학로 12길 38 (정보빌딩)
전　　 화 | (02)3673-0037(편집부) / (02)3673-0114(代)
팩　　 스 | (02)3673-0260
등　　 록 | 1990년 2월 14일 제1-1013호
홈 페 이 지 | www.infopub.co.kr

I S B N | 978-89-5674-797-2

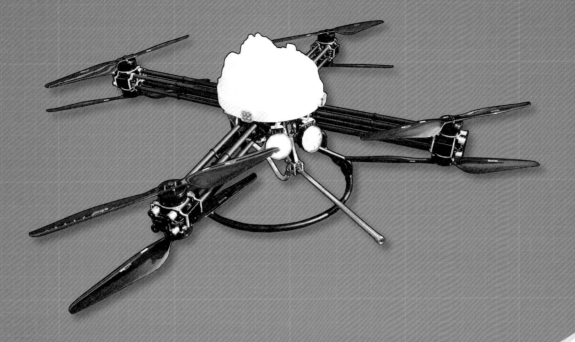

Drone 실무자들의 현장 기법

드론 제작 노트

양정환 지음

정보문화사
Information Publishing Group

머리말

드론 관련 강의를 하면서 필자가 처음 말하는 드론의 정의는 '자동차와 같다'이다. 자동차라는 기계는 부가적인 장비를 장착할 때마다 '소방차', '화물차', '크레인'과 같은 다양한 형태로 명칭이 바뀌고 또 그 명칭에 맞게 업무를 수행하여 사람들에게 유익함을 주고 있기 때문이다.

과연 드론은 어떠한가?
드론이라는 비행체에 카메라를 장착함으로써 '헬리캠'이라는 신조어를 탄생시켰다. 또한 각종 예능 프로그램에서 출연자들에게 간식과 촬영 소품을 배달해주는 상황 연출에 드론을 사용함으로써 드론이 가지고 있는 배송 능력 또한 간접적으로 선보이고 있다.

하지만 드론의 역할은 여기서 끝나지 않는다.
스마트폰으로 사진을 촬영할 때 사람의 얼굴을 인식하는 기술을 이용하면 드론이 범죄자를 추적하는 형태로 개발이 가능하다. 열화상 카메라와 같은 특수 카메라를 추가로 장착하게 되면 사람의 눈으로는 볼 수 없는 건물 속 혹은 숲속에서 조난당한 사람들에 대한 수색 및 추적이 가능한 드론이 제작될 수 있다.

또한 모터와 변속기가 대형화되고 가격 또한 저렴해지면서 대형 화물 시장까지 위협할 수 있는 상황이다. 예를 들어, 현재 고층건물 건축 현장에서는 타워크레인을 사용해 고층으로 화물을 운송한다. 그러나 타워크레인을 설치하기 곤란한 소규모 현장에서는 도로를 막고 길가에 크레인을 주차한 뒤 크레인을 통해 건물 상부에 자재를 운반하고 있다. 하지만 대형 드론의 개발과 제작은 앞으로 이러한 상황들을 사라지게 할 수 있다. 100년, 200년 후의 이야기가 아니라 바로 2~3년 내에 현실로 다가올 수 있는 수준까지 드론 개발 기술이 발전해 있다.

필자는 불과 2012년에 40kg을 싣고 20분 간 비행이 가능하다고 하여 R & D 자금 지원을 받아 개발하여 성공했었다. 하지만 6년 후인 2018년 현재는 300kg대를 설계하고 있고, 2019년에는 최소 500kg~1톤의 무게를 싣고 1시간을 비행할 수 있는 드론의 시판을 예정할 정도의 수준으로 기술이 발전해 왔다.

이러한 상황을 풀어 쉽게 이야기하면, 불과 6년 전까지는 드론을 설계 제작하는 것이 기술로 인정되었다면, 이제는 드론 제작은 기본이 되었고 제작된 드론에 부가 장비를 추가하여 새로운 임무를 수행하게 하여 생산성을 확보해야 하는 단계에 이르게 된 것이 바로 드론 산업의 현재 모습이다.

그런데 대한민국은 어떠한가? 동네 마트에서 파는 저렴한 중국산 드론을 날리며 순간의 재미에만 빠져있는 모습은 아닐까? 순간의 기쁨을 편하게 얻기 위해 돈은 중국에게 벌어주고 있고, 중국은 그 돈을 모아 더 좋은 제품을 만들면서 드론 산업의 종주국이 되어가고 있다. 과연 기술력이 없는 대한민국, 또 미래 드론 산업의 인력 양성을 게을리한 대한민국은 또 다시 중국에, 미국에 드론까지 속국으로 남게 되는 건 아닌지 매우 우려스럽다. 이런 상황이 지금 대한민국 드론 산업의 현주소이다.

10년 전 드론을 알게 되어 공부를 시작하게 되었지만, 당시에는 드론을 배우고 싶어도 전문적인 지식을 가르쳐 주는 곳도 없었고, 제작할 수 있는 성능의 부품도 많지 않았다. 그러나 열정하나로 무식하게 실험하고 공부하여 지금에 왔을 때 드론 시장은 필자가 상상했던 것 이상으로 급성장해 나가고 있었다.

이때 비로소 느낀 것 중 하나는 고급 인력의 양성이 절실하다는 것이다. 그렇기 때문에 드론의 개발과 함께 더불어 인력 양성을 하는 데 도움이 되고자 그동안 개발 과정에서 축적된 노하우를 공유하고자 한다. 남녀노소 가리지 않고 누구나 드론에 쉽게 접근할 수 있도록 하여 드론 종주국 대한민국이 되길 바라며, 지난 10년 간 개발한 경험을 이야기하는 이 책을 출판하고자 한다.

양정환

추천사

본원을 개원하기 전 교육용 기체를 구매하기 위해 업체를 알아보다가 알게 된 양정환 대표는 저에게 이런 말을 하더군요. "어차피 교육원을 운영하려면 제작 과정 또한 잘 알아야 하니 제주에서 같이 하시죠" 대부분 제품만 판매하던 기존 업체와는 다른 느낌의 양정환 대표는 이후 교육용 드론을 함께 제작하면서 모든 제작 공정과 필요 기술을 알려주었습니다. 그런 마음으로 만든 책이라는 것을 알기에 드론의 제작을 공부하고 또 교육하고자 하는 분들에게 이 책을 강력하게 추천합니다.

한국 UAV 드론교육원 박건호 원장

먼저 본 책은 딱딱한 교과서의 느낌보다는 드론 개발에 대한 열정이 강했던 한 사람의 일기를 보는 듯 했습니다. 책의 내용과 구성을 보면서 그동안 드론 개발 과정 속에 많은 어려움이 있었고, 그 어려움이 있었기에 후배 양성의 중요함을 인지하게 되었고, 때문에 그동안의 경험을 풀어내는 과정 모두 공유하게 되었다는 생각이 듭니다. 한 권의 책으로 수많은 이야기를 모두 할 수는 없겠지만 제작 과정만큼은 모두 담겨있기에 앞으로 드론을 배우고자 하는 모든 분들의 필독 도서가 될 것이라 확신합니다.

한국폴리텍대학 항공캠퍼스 학장 전찬열 교수

몇 년 전 드론을 이용해 농약을 뿌리겠다는 신념으로 전국의 많은 업체를 찾던 중 세주에서 유일하게 드론을 제작하고 개발 중이던 양정환 대표를 알게 되었습니다. 비록 지금은 많은 중국산 드론으로 인해 다른 제품을 사용하고는 있지만, 당시 양정환 대표가 제작했던 농약 방제 드론인 SNU-FA 제품의 성능을 능가하는 제품을 아직 보지 못했습니다. 그런 기술을 모두 공유한다고 하니 드론을 배우고자 하는 분들에게 큰 도움이 될 것이라 확신합니다.

세림농기계 양중화 대표

10여 년 전 헬리캠이라는 용어도 없던 시절 이상하게 생긴 비행기에 카메라를 달고 항공 촬영을 하겠다던 양정환 감독의 모습이 아직도 기억납니다. 이후 헬리캠 조종 교육을 받게 되었을 때, 남들은 2시간이면 끝낸다는 조종 교육을 굳이 한 달 넘게 시뮬레이션을 하고, 제작 과정을 보게 했던 일들이 기억납니다. 당시에는 바쁜 일정으로 인해 귀찮을 때가 많았지만 지금 와서 생각해보면 안전하게 사고 없이 많은 촬영을 할 수 있었던 것들이 양정환 감독과 함께했던 과정이었기 때문이 아닐까 생각됩니다. 누구보다도 학생들에 대한 드론 교육 열정이 대단하기에 이 책을 강력하게 추천합니다.

이경진 프로듀서

2009년 필자가 최초 자작한 동영상 촬영용 헬리캠

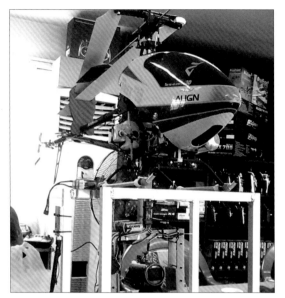

이후 계량된 헬리캠의 짐벌

비행 테스트 중인 헬리캠 짐벌

비행 테스트 중인 헬리캠 짐벌

2009~2013년까지 필자가 개발했던 항공 촬영을 위한 짐벌 중 일반 니트로 엔진을 장착한 RC 헬리콥터에 HD급 동영상 카메라를 장착한 것으로 당시 유인 헬리콥터를 사용해 촬영하던 방식에 비해 성능은 매우 낮으나, 접근성과 실용성에서는 매우 좋았던 장비이다.

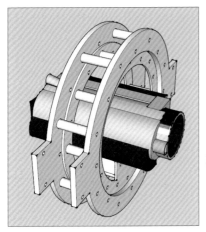

무한회전 짐벌 도면 1

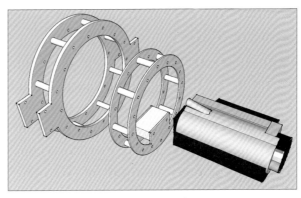

무한회전 짐벌 도면 2

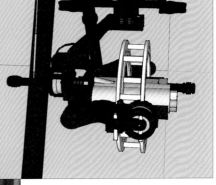

무한회전 짐벌 도면 3

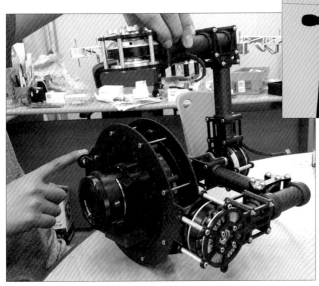

완성된 무한회전 짐벌

2009~2013년까지 필자가 개발했던 항공 촬영을 위한 짐벌 중 풍력 발전기의 블레이드가 회전하고 있는 상태에서도 블레이드를 고해상도로 촬영하기 위해 개발한 장비이다. 무선 영상 송출 장비의 소형화로 제작이 가능했다.

Gallery

2011년 필자가 제작한 3D 항공 촬영 장비

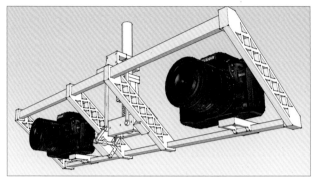

2013년 계량된 3D 항공 촬영 장비 짐벌 도면

도면을 기반으로 제작된 3D 항공 촬영용 짐벌

완성된 3D 항공 촬영용 헬리캠

완성된 3D 항공 촬영용 헬리캠을 시운전하는 필자

2009~2013년까지 필자가 개발했던 항공 촬영을 위한 짐벌 중 2013년 제주대학교 건축공학과 이병걸 교수의 의뢰로 제작한 짐벌로 2011년 고프로를 이용해 3D를 제작했던 경험을 기반으로 개발하게 되었다. 3D 짐벌의 특징은 카메라의 이격 거리 조정이 가능하고 최대 이격이 80cm이다. 때문에 원거리 풍광에 입체감을 줄 수 있는 짐벌로 평가받았다.

수상인명구조용 무인기 SNU-EM 설계도면 1

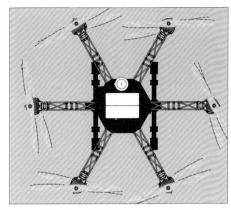

수상인명구조용 무인기 SNU-EM 설계도면 2

수상인명구조용 무인기 SNU-EM

시연 중인 수상인명구조용 무인기
SNU-EM

2014~2015년 필자가 개발한 인명구조 무인기 SNU-EM이다. 해양 사고에서 인명구조 드론의
가장 기본적인 기능은 우천시, 강풍, 야간, 해무가 낀 상황에서도 비행이 가능해야 한다. 때문
에 방수, 방열과 기체에 외력을 가하는 측풍에도 최대한 대응이 가능한 구조로 개발하였다.

SNU-EM에 장착될 자동 팽창 튜브 샘플 제작 중

가스 인두로 원단 가공 중

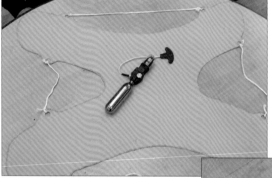

재단이 마무리된 자동 팽창 튜브 샘플

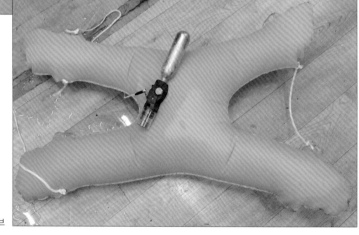

자동으로 팽창된 튜브

2014~2015년 필자가 개발한 인명구조 무인기 SNU-EM 또한 수상인명구조 드론으로 효과를 높이기 위해 접혀진 상태로 보관 후 익수자의 인근 상공에서 투척하면 자동으로 팽창되는 구명 튜브이다. 팽창된 튜브를 끈으로 이어 익수자가 안전하게 구명 튜브를 공급받을 수 있게 개발하는데 성공하였다.

㈜엠제이버클에서 자동 팽창 튜브를 설명하는 필자

㈜엠제이버클을 통해 완성된 자동 팽창 튜브(팽창 전)

㈜엠제이버클을 통해 완성된 자동 팽창 튜브(팽창 후)

SNU-EM에 장착하여 자동 투하 테스트

2014~2015년 자동 팽창 구명 튜브 업체의 도움을 받아 완성된 SNU-EM의 수상인명구조 무인기용 자동 드론의 실제 비행 및 작동 영상은 유튜브 '드론수첩'에서 볼 수 있다.

프로펠러 표면적을 줄이기 위한 SNU-EM 모터 설계

SNU-EM에 장착된 모터 박스

CNC로 직접 SNU-EM 부품 가공

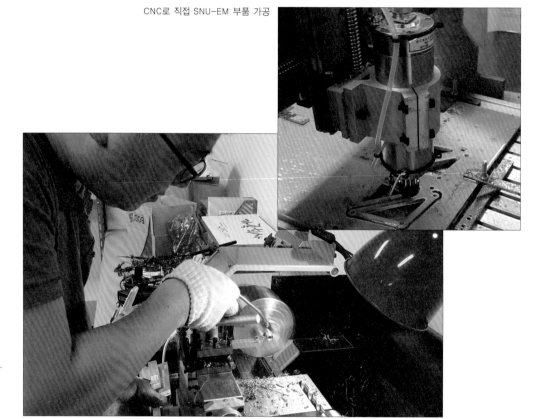

선반으로 직접 SNU-EM 부품을 가공

2014~2015년 필자가 개발한 인명구조 무인기 SNU-EM이다. 크기를 줄이면서도 추력을 유지하고, 측풍에도 안정적인 비행을 할 수 있게 기성 모터의 축을 개조하여 작은 프로펠러 2개를 하나의 모터에 장착하는 형태로 개발하여 관련 부품을 직접 가공하였다.

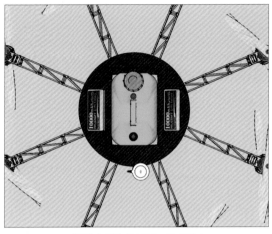

제주형 농약방재기 SNU-FA 도면 1

제주형 농약방재기 SNU-FA 도면 2

제주형 농약방재기 SNU-FA

시연 중인 제주형 농약방재기 SNU-FA

2014~2015년 필자가 개발한 제주형 농업용 무인기 SNU-FA는 농약 방재 후 청소가 용이하도록 낙수에 대한 방수 처리가 완벽한 모델이다. 기성 부품의 사용으로 수리 시 부품값이 매우 저렴하며 일부 부품은 인근 농가에서 쉽게 구할 수 있게 하여 직접 수리도 가능한 제품이다. 또 제주의 바람에 최적화된 설계를 자랑할 수 있는 제품으로 특허 등록까지 되었다.

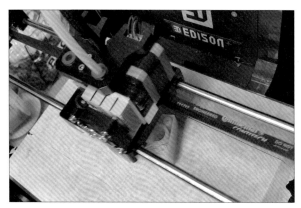

설계 검증을 위한 3D 프린터 출력

3D 프린터로 출력된 교육용 대형 프레임 부품

3D 프린터로 출력된 교육용 소형 프레임

전자기기를 장착한 3D 프린터로 출력된 소형 프레임

2011~2016년 필자가 교육용 드론을 개발하기 위해 3D 프린터를 이용해 출력하고 테스트하던
과정이다.

2015년부터 필자가 개발하고 있는 내연 기관을 이용한 멀티콥터와 하이브리드 멀티콥터이다.

Gallery

돌고래호 수색팀 현장 회의에 참석 중인 필자(추자도)

캠코더 및 열화상 카메라로 실종자를 수색 중인 필자

2015~2017년 돌고래호, 해운호, 화롱호 해양 사고 실종자 드론 수색팀으로 활동하였다.

서귀포 산업 과학 고등학교에서 강의 중인 필자

제주시청에서 강연 중인 필자

제주도 과학 관련 교사 직무 연수에서 강연 중인 오현수 테크니컬 엔지니어

제주소방교육 중 인명구조 드론에 대해 설명 중인 필자

2012~2016년 드론 제작 및 생활에 적용 가능한 드론 산업의 연관성에 대해 강연하였다.

2015년 베트남 호치민 산업기기 전시 참가

2015년 코엑스 창업선도대학 전시 참가

2016년 홍콩 산업기기 전시 참가

2017년 베트남 호치민 소방기기 전시 참가

2015~2017년 테크니컬 엔지니어와 함께 국내·외 전시에 참가하였다.

남수공업사 백종대 대표에게 도면을 설명 중인 필자

남수공업사 백남철 부장과 함께 가공된 부품을 확인하고 있는 필자

故유동식 대표에게 기어 관련 자문을 받고 있는 필자

안승문 대표에게 RC 엔진 관련 자문을 받고 있는 필자

멀티콥터형 드론 개발에 필요한 정보를 얻기 위해 만났던 전문가들은, 지금의 필자가 있을 수 있게 많은 도움을 주신 분들이다.

차례

PART 01   설계를 위한 드론 배우기

PART 02　나만의 드론 만들기

APPENDIX 부록

PART

01

PART 01

설계를 위한
드론 배우기

01 드론의 개요

1 드론

최근 전자, 전기, 무선 제어 관련 산업의 발전과 다수의 프로펠러를 장착한 설계로 기계적인 에너지 효율의 우수성이 입증된 무인비행체 드론(무인기)은 취미를 목적으로 하던 소비성 RC(Radio Control) 산업이었다. 이를 헬리캠(Helicam) 촬영감독 및 관련 직군, 무인기 농약 살포 조종사 및 관련 직군 등 새로운 직업군의 탄생과 고급 운영 인력의 고용 창출로 이어진 수익성 RC(Radio Control) 산업으로 진화하여 급성장하고 있다.

이는 저렴하면서도 정밀하게 제어할 수 있는 FC(Flight Controller)의 보급과 몇 가지 단순한 부품 구성만으로도 누구나 드론을 제작하고 비행할 수 있기 때문이다. 저렴하면서도 정밀하게 제어되는 FC 개발과 보급은 누구나 쉽게 드론을 제작할 수 있게 하였으나 반대로 이제는 드론 제작의 기술이 특별한 사람들만 할 수 있는 것이 아닌 누구나 기본적으로 드론을 배워야 하는 의무적인 기술로 만들어 버린 것 또한 사실이기 때문에 이제는 선택이 아닌 필수가 되어버린 것이 드론 제작 기술이다.

드론 사고에서 가장 큰 비중을 차지하는 것이 조종자의 조종 실수이지만, 그전에 발생한 기술적 오류를 일반 사람들은 알지 못하고 있다. 어쩌면 자동차 급발진 사고를 스스로 증명해야 하는 것처럼 드론에 발생한 오류를 스스로 해결하지 못하면 이 또한 조종자의 조종 미숙으로 치부되고 있는 것이 현실이다.

예를 들어, 초기 세팅을 완료한 기체의 비행 시 기체가 30초 정도 잘 날다가 순간적으로 그 자리에서 뒤집어지는 경우가 있다. 이런 상황은 초기에 지자기 센서 세팅이 제대로 되지 않은 경우이다. 그러나 소비자들은 이러한 상황을 잘 모른다. 만약 본인이 제작하여 나온 결과라면 할 말이 없겠지만, 구입한 제품 혹은 의뢰해 제작한 제품이라면 충분히 구매처에 항의를 할 수 있다. 그러나 조종자가 이러한 기술적 상황을 모른다면 항의하는 것조차 쉽지가 않다. 그래서 굳이 제작을 하지 않아도 기초 지식 이상은 학습이 되어 있어야 한다고 말하고 싶다.

▲ 기체에 비해 매우 작은 크기의 민간 항공기 제트 엔진

다음의 그림은 민간 항공기에 장착된 제트 엔진이다. 이와 같이 고정익 형태로 제작된 대부분의 민간 항공기는 20t 이상의 무거운 중량으로 비행을 하지만, 기체의 크기나 무게에 비해 엔진의 크기는 매우 작다. 이는 고정익 항공기의 경우 엔진의 추력 외 양력과 같은 자연과학을 이용하는 원리와 구조로 설계되어 비행하기 때문에 에너지 효율이 좋다는 것을 의미하는 것이다. 그러나 많은 승객과 무거운 화물을 빠른 시간에 장거리 운송이 가능한 고정익 항공기 또한 활주로가 필요하고, 호버링(정지 비행)이 불가능하다는 단점을 지니고 있다. 때문에 이러한 고정익 항공기의 단점을 극복하기 위해 활주로가 필요 없고 호버링이 가능한 헬리콥터, 즉 회전익 항공기가 개발되었지만 이 또한 과학적, 기술적 한계로 고정익 항공기에 비해 에너지 효율이 떨어진다는 평가를 받고 있었던 것이 사실이다. 그래서 개발된 것이 바로 다수의 프로펠러를 장착하는 멀티로우터콥터 즉, 현재 우리가 표현하는 드론이다.

따라서 드론을 배워야 하는 이유를 정리하면 다음과 같다.

- ■ 기존 회전익 항공기에 비해 에너지 효율성이 좋고 생산 라인의 간소화로 성장 가능성이 충분한 유인항공 우주 산업 기술이다.
- ■ 기존 항공기에 비해 간단한 부품과 기초 지식만 학습하면 누구나 제작이 가능해 접근성이 확보된 무인항공 산업 기술이다.
- ■ 드론에 장착할 수 있는 부가 장비로 다양한 산업 분야에 쉽게 응용 가능한 융·복합 산업 기술이다.
- ■ 지뢰 제거, 소방 등 위험한 현장에서 작업자의 안전을 담보할 수 있는 산업재해 방지 기술이다.

이 외에도 많은 이유가 있겠지만 최소한 위에 열거된 이유만으로도 우리가 혹은 우리의 아이들이 드론을 배워야 하는 이유는 충분하다고 생각한다.

사람이 직접 탑승하지 않은 상태에서 무선으로 조종 및 제어하는 무인비행체인 드론
(Drone)은 모든 무인비행체의 총칭이다. 그러나 대다수의 사람들이 현재 알고 있는
다수의 프로펠러를 장착한 구조의 회전익 무인비행체는 드론의 일종으로 멀티콥터
(Multi Copter) 혹은 멀티로우터콥터(Multi Rotor Copter)가 옳은 표현이다. 따라
서 이 책에서는 '멀티콥터형 드론'으로 명칭하겠다.

비행체는 크게 동력을 이용해 공기를 후방으로 보내 발생된 추력으로 이동하며 장착
된 주익의 상단 면과 하단 면에 흐르는 공기의 압력 차이로 만들어진 양력을 이용해
상승하여 수평 비행하는 고정익 비행체와, 동력을 이용한 프로펠러의 고속 회전을
이용해 공기를 하향시켜 발생한 추력만을 이용해 수직 이착륙이 가능한 회전익 비행
체로 구분할 수 있다.

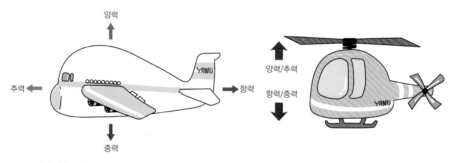

▲ 고정익 항공기의 비행 원리　　　　　▲ 회전익 항공기의 비행 원리

그러나 고정익 비행체의 경우 동력 외 양력을 추가로 이용하기 때문에 에너지 효율
이 매우 높고 고속으로 이동 가능하지만 이착륙 시 양력을 얻기 위한 활주로가 필요
하다. 또한 특정 업무 및 임무를 위한 호버링(Hovering ; 공중에 떠있는 상태에서
멈춰 있는 상태)이 불가능한 단점을 지니고 있다. 반면 회전익 비행체는 고속으로 회
전하는 프로펠러를 이용한 추력으로 비행하기 때문에 수직 이착륙 및 호버링이 가능
하다.

양쌤's talk

비행기는 움직여야만 양력을 얻을 수 있기 때문에 공중에서는 멈출 수가 없어요.

하지만 회전익 비행체의 특성상 동력과 양력이 아닌 동력에 의한 추력만을 이용하기 때문에 고정익 비행체에 비해 에너지 효율이 매우 떨어지며, 비행 속도 또한 느리다는 단점을 지니고 있다.

▲ 지속적으로 양력을 얻어야만 하는 고정익 비행기는 헬리콥터와 같이 호버링이 불가능하다.

회전익 비행체가 고정익 비행체에 비해 에너지 효율이 크게 떨어지는 가장 큰 이유 중 하나는 기존 회전익 비행체가 추력을 얻기 위해 회전시키는 메인 로우터(프로펠러)와 동체가 함께 회전하지 못하도록 메인 로우터의 회전력을 상쇄시키기 위한 테일로우터 일명 꼬리 날개가 추가되기 때문이다.

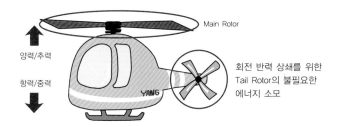

▲ 회전익 항공기의 메인 로우터(Main Rotor)와 테일 로우터(Tail Rotor)

이는 비행을 위해 사용되는 동력의 일부가 비행을 위해 사용되는 것이 아니라 메인 로우터의 회전 반력을 상쇄하는 데 사용되기 때문이다. 약 7~30%의 동력에너지가 회전 반력을 상쇄하는 데 사용되므로 고정익 비행체에 비해 에너지 효율이 떨어지는 1차적인 요소로 차지하고 있다. 2차 요소는 동력에 의한 추력과 양력을 이용하는 고정익 비행체에 비해 동력에 의한 추력에만 의존하는 회전익 비행체의 비행 원리 때문이다.

그러나 다수의 프로펠러를 장착한 구조의 멀티콥터형 드론은 짝수로 구성된 프로펠러를 각각 시계방향과 반시계 방향으로 회전 방향을 설정해 회전시키는 구조로 회전 반력을 상쇄함과 동시에 사용되는 동력 100% 추력을 발생하는 데 사용할 수 있는 구조이다.

그렇기 때문에 고정익 비행체에 비해 아직까지는 에너지 효율이 다소 떨어지지만 기존 테일로우터(수직 꼬리 날개) 방식으로 설계된 회전익 비행체에 비해 매우 향상된 에너지 효율과 수직 이착륙으로 인한 다양한 업무의 활용성을 본다면 최고의 설계로 평가할 수 있는 비행체임이 틀림없다.

또한, 모터, 변속기 등과 같은 전자, 전기 부품의 발전과 FC 등과 같은 센서 제어 및 무선 제어 장비의 발달로 기존 회전익 비행체를 제작하기 위한 기계적 부품들이 간소화 되었다. 그로 인해 동체의 무게가 상당히 줄어들고 제조 원가가 절감되면서 비행 효율과 운영 및 설비 비용을 함께 산출하여 비교해보면 어쩌면 고정익 비행체의 기계적 효율성을 앞설 수 있는 것이 지금의 드론이며 멀티콥터가 된다.

그래서 이제부터는 미래 항공 우주 산업에 대응하기 위한 드론의 설계, 제작, 조종 기술은 선택이 아닌 필수가 된 것이다. 이러한 모든 것들이 멀티콥터가 발전한 이유이며 멀티콥터형 드론을 필수적으로 배워야 하는 이유가 된다. 따라서 멀티콥터 방식의 드론 전문가가 되기 위한 첫걸음으로 멀티콥터를 구성하는 부품에 대해 그 기능과 사용 방법에 대해 알아보자.

▲ 시계방향과 반시계 방향으로 회전 반력을 상쇄시키는 멀티콥터형 드론의 회전 구조

02 드론 제작을 위한 부품

1 FC(Flight Controller)

FC는 멀티콥터에서 두뇌와 같은 역할을 하는 부품으로 지자기 센서, 가속도 센서 등과 같은 여러 센서와 인공위성의 GPS 신호를 받아 비행체의 위치를 파악하는 GPS 안테나 등으로 구성되어 있다.

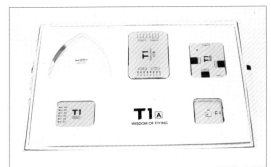

▲ 농기계용으로 제작된 FC 모델

▲ 보급형으로 제작된 FC 모델

FC는 약 3만~2백만 원 정도의 제품과 산업용 또는 군용으로 쓰이는 고가의 FC까지 다양한 가격대의 제품이 판매되고 있다. 물론 가격이 올라갈수록 FC의 성능이 좋고 안정적인 비행이 가능하겠지만, FC의 주요 기능과 성능에 대한 이해를 하고 나면 합리적인 가격의 부품을 이용하면서 즐거운 비행과 제작이 가능할 것이다.

1986년 필자가 RC를 처음 접했을 때부터 지금까지 수많은 부품을 구매하기 위해 많은 돈을 써왔지만 돈을 쓰면서 가장 아깝다고 느껴질 때가 바로 중복 투자를 했을 경우이다. 이유야 당연히 부품에 대한 이해와 경험이 부족했던 것이 가장 크겠지만, 업체들이 경쟁적으로 내놓은 일명 '뻥' 스펙에 속아 어쩔 수 없이 새로운 부품을 구매했던 적도 허다하다. 이 책에서 설명하는 각 부품들의 기능과 필요 성능을 잘 학습하고 나면 중복 투자로 인한 금전적인 부담도 확실하게 줄어들 것이라 생각한다.

FC의 주요 기능은 비행 모드의 설정이다. 대부분의 FC는 크게 수동 비행과 자세 제어 비행 그리고 위치 제어 비행으로 나뉜다.

수동 비행은 조종자의 조종 능력에 의존하는 비행으로, 말 그대로 조종자의 조종 기술로 기체의 자세 제어와 비행을 하게 되는 비행 모드이다. 비행 조종 기술은 머리로 학습하는 것이 아니라 몸에 익히는 것으로 최소 한 달 이상 시뮬레이션을 연습해야만 호버링(정지 비행)을 할 수 있을 정도의 난이도로 어렵다. 그래서 대부분의 입문자들이 시뮬레이션 과정에서 포기하는 경우가 종종 있다.

최근 시뮬레이션에는 멀티콥터형 드론까지 연습할 수 있게 되었으나, 조종이 너무 쉽다고 생각해 많은 사람들이 한두 번 비행 후 바로 실전 비행으로 가는 경우를 보게 된다. 하지만 시뮬레이션 교육의 가장 기본적인 핵심은 조종기를 이용하여 기체를 조종하는 방법을 머리로 학습하는 것이 아니라 몸으로 익히기 위한 학습 과정이라는 것을 확실히 기억해 두어야 한다.

기체와 조종자의 시선에 따라 전후, 좌우의 움직임이 다르고 조종자와 기체의 거리가 멀어졌을 때 기체의 방향을 정확하게 알아낼 수 있는 방법 등 비행 중 발생할 수 있는 다양한 상황에 대처하여 안전하고 즐거운 비행이 될 수 있게 도와주는 과정이 시뮬레이션 학습임을 잊지 말아야 한다. 필자는 강의에서 항상 시뮬레이션을 장시간 학습하게 한 뒤 실기를 비행할 수 있게 하고 있다.

▲ 컴퓨터를 이용한 비행 시뮬레이션 교육 중

일명 ATTI라고 부르는 자세 제어 비행은 FC에 따라 고도와 자세 제어를 함께하는 경우와, 자세만 제어하는 경우로 나뉘게 되니 구매 시 확인해야 한다. 자세 제어 비행은 기체의 수평을 각종 센서를 이용해 유지해 주는 기능으로 바람에 의한 기체의 움직임은 발생한다.

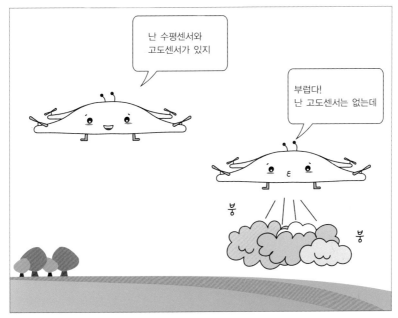

▲ 고도센서가 없는 FC를 사용하는 경우 계속해서 고도를 조종해야 하는 번거로움이 발생한다.

자세 제어 비행은 항상 기체의 수평을 유지하고 있고 공기의 흐름을 일정하게 하향하고 있기 때문에 급격한 이동이 없어 비행이 매우 수월한 비행 모드이다. 고도 제어 기능이 부가된 경우 조종기의 스틱을 일정 상태로 고정하면 기체의 고도가 일정 높이에서 유지하게 되므로 초보자들도 조종이 훨씬 수월한 비행 모드이다.

마지막으로 GPS를 이용한 위치 제어 비행은 바람이 불어도 기체가 호버링 상태를 자동으로 유지하고 있는 기능이다. 바람이 불면 기체가 바람을 이기기 위해 기울어지면서까지 조종자의 조종 없이도 호버링 상태를 유지하게 되는 비행 모드이다.

단, 기체의 크기, FC 성능, 바람의 강도에 따라 차이가 있으니 이후 내용을 참고하기 바란다. 또한 GPS 안테나를 장착하게 되면 기체가 위치를 파악하게 되므로 다양한 부가 기능을 사용할 수 있다.

양쌤's talk

드론은 약 6~20개의 인공위성에서 보내주는 GPS 데이터를 이용하여 정지 비행 및 자율 비행을 합니다.

▲ GPS 안테나를 장착하면 바람이 불어도 기체는 움직이지 않는다. 다만 기체의 기울어짐 현상은 있다.

첫 번째로 헤드리스(Headless or Home Lock) 비행이다.

다수의 프로펠러를 장착한 멀티콥터는 대부분 원형의 형태를 하고 있기 때문에 조종자와 기체의 거리가 멀어지게 되면 기체의 전후방을 구별하여 조종하기 어려워진다. 이런 경우 헤드리스 기능을 활성하게 되면 기체는 GPS를 통해 조종자가 처음으로 기체에 전원을 투입한 지점을 홈 포지션으로 인식하고, 이후 기체가 이동한 방향을 인식하여 기체를 기준으로 조작되던 전후좌우의 조작 방향을 조종자의 시각을 기준으로 한 전후좌우 방향으로 전환되어 조종자는 기체의 방향과는 상관없이 조종자의 시선에서 보이는 방향을 기준으로 기체를 조종할 수 있는 기능이다.

| 드론과 조종자의 시선 방향 일치 | 드론과 조종자의 시선 방향 불일치 | 기체가 멀어지면 방향 구분이 어려움 |

▲ 기체의 기수와 조종자의 시선에 따른 방향 예시

두 번째로 Go Home 기능이다.

Go home 기능은 조종기와 기체의 수신기와의 통신이 끊어지거나 방해 전파로 인해 문제가 발생할 경우 처음 비행을 시작했던 홈 포지션으로 다시 돌아오게 하는 기능으로 GPS 안테나 및 기능이 부여된 FC를 구매하여야만 사용할 수 있는 기능이다. 또한 Go Home 기능 활성 시 돌아오는 기체의 비행 고도 및 속도, 기체의 방향도 설정이 가능하기 때문에 구매 시 설명서를 잘 읽어봐야 한다.

세 번째로 자율 비행이다.

지금까지 이야기한 비행 방식은 조종자가 직접 기체를 보고 조종하는 가시 비행이었다면, 자율 비행은 각 FC 제조사에서 제공하는 자율 비행 프로그램을 이용하여 기체를 비행시키는 형태라고 판단하면 된다. 2018년 평창 동계올림픽과 평양에서 보여줬던 드론 쇼 또한 이런 자율 비행 프로그램을 이용해 여러 대의 기체에 각각의 비행 정보를 입력하여 동시에 비행한 것이다. 이제는 특별한 기술이 아닌 관심 있는 사람이라면 누구나 할 수 있는 보편적인 기술이 되었다고 해도 과언이 아닐 것이다.

▲ 장애물로 인해 조종자가 기체의 위치를 파악할 수 없게 된 경우

상기 기능 외 FC를 선택하는 과정에서 필요한 정보는 FC가 제어할 수 있는 기체의 크기이다. 이는 FC에 사용되는 센서의 수준과 제조사에서 제공하는 제어 값의 변경이 가능한 범위에 따라 크게 달라진다. 그러나 현재 시판되고 있는 FC는 대부분 최소 직경 10cm에서 최대 직경 1.5m까지는 허용하고 있기 때문에 이 책을 통해 구현하고자 하는 기체는 대부분 가능하다.

대부분의 전기 제품들에 허용 전압이 있듯이 멀티콥터형 드론 관련 부품들 또한 허용 전압의 범위가 다르기 때문에 설계 시 FC, 모터, 변속기와 같은 다양한 부품들이 함께 호환될 수 있는 허용 전압을 확인해 설계 및 구매를 하여야 한다.

양쌤's talk

일반적으로 조종기와 수신기 그리고 서보 모터 관련 제품은 5~6V를 사용하고, 모터와 변속기는 3.7~44.4V까지 다양하게 사용되므로 꼭 부품별 허용 전압을 확인하기 바랍니다.

2 조종기와 수신기(Transmitter & Receiver)

조종기는 다음과 같이 다양한 종류가 있다. 지상에서 조종자가 FC를 조종하여 기체를 비행하는 중요한 부품으로 수신기와 세트로 구매 혹은 각각 구매가 가능하다.

▲ 보트, 자동차용 2ch 조종기 ▲ 헬기, 비행기, 드론용 보급형 7ch 조종기 ▲ 중고급자용 8ch 조종기

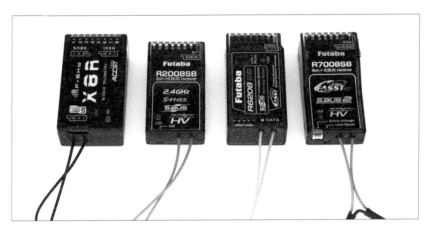

▲ 다양한 수신기

조종기의 성능을 표기하는 가장 큰 기능은 조종할 수 있는 회로의 수인데, 이를 채널 (ch)이라 표현하고 있다. 하나의 서보 모터를 이용해 제어할 경우 0~100을 기준으로 하지만, 이를 다르게 응용하면 조종기 스틱의 중간을 0점으로 하여 다음의 그림과 같이 −50과 +50으로도 제어할 수 있다.

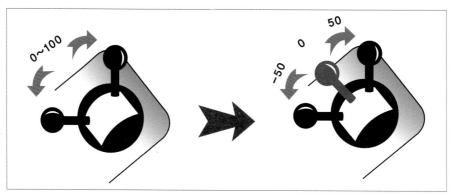

▲ 스틱 제어 범위를 0~100으로 제어한 경우와 중간을 0점으로 −50과 +50으로 제어하는 경우

풀어 이야기하면 0점에서는 비행체가 멈춰 있고, +에서는 서서히 전진하여, 최고점인 +50에 이르면 최고 속도가 된다는 설명이다. 반대로 −에서는 서서히 후진하게 되고, −50이 되면 최고 속도로 후진을 할 수 있게 세팅이 가능하다.

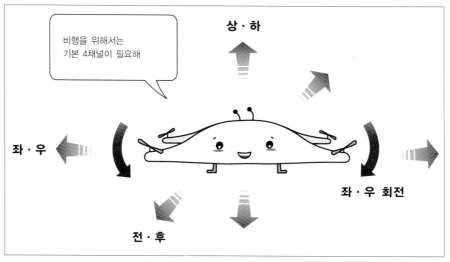

▲ 기체의 움직임과 필요한 채널

따라서 조종기에서 1채널의 의미는 전후를 제어할 수 있다는 이야기가 된다. 전후, 좌우, 상하, 스윙의 비행 형태를 구현해야 하는 멀티콥터형 드론에서는 기본적으로 4 채널의 조종이 가능한 조종기가 있어야 한다. 그리고 수동, 자동, 위치 제어 비행과 같은 비행 모드를 전환하기 위한 1채널이 추가되며, 헤드리스 조종 모드와 노멀한 조종 모드 등을 제어하기 위한 1채널이 또다시 추가되어 기본 6채널의 조종기가 필요하게 된다. 특수한 기능을 추가로 부여하게 될 땐 그에 상응하는 채널을 추가하면 된다.

▲ 필자가 직접 개발하여 농업용 드론으로 특허 등록된 SNU-FA 모델

일반적인 멀티콥터형 드론 유저일 경우 헬리캠으로의 사용 혹은 농약 방제 등과 같은 부가적인 기능을 추가로 사용하고자 하기 때문에 사실상 조종기는 8채널 이상을 사용할 수 있는 제품을 구매해야만 중복 투자를 방지할 수 있다.

또한 조종기의 주요 기능에서 가장 큰 것 중 하나가 수신기에서 입출력되는 채널에 할당하는 스위치를 변경할 수 있는지 없는지이다. 이는 조종 시 조종자가 조작하기 편한 위치에 있는 스위치에 기능을 부여하는 것으로 사용의 편리성과 함께 안전사고를 최소한으로 줄일 수 있는 기본 기능 중 하나이다. 그러나 처음 조종기를 구매 시 상기 기능이 모두 포함된 제품을 구매할 경우 금전적 부담이 있게 된다. 하지만 조종기에 충격을 가하지 않는 이상 오랜 시간 사용이 가능하고, 하나의 조종기에 여러 기체를 바인딩(Binding)하여 사용 가능하므로 가급적 고급 조종기를 사용하는 것을 권장한다.

양쌤's talk

RC(Radio Control)는 무선 조종의 약자로 일부 사람들은 리모트 컨트롤이라고 생각하지만, 리모트 컨트롤은 유선과 무선을 포함하고 있기 때문에 무선 조종인 RC에서는 전파 사용을 의미하는 라디오 컨트롤을 쓰게 됩니다.

조종기는 조종하는 방법에 따라 모드(Mode) 1~4까지 다양하게 있다.

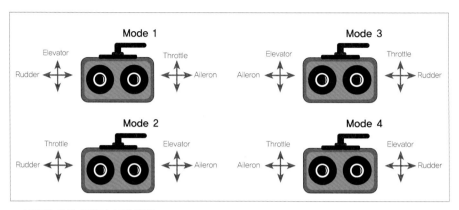

▲ 모드에 따른 조종기 조종 방법

하지만 조종기는 대부분 모드 1과 모드 2를 주로 사용하고 있으며 외형상으로는 비슷하지만 스로틀 스틱을 제어하는 스틱이 조종기의 오른쪽에 있으면 모드 1, 조종기의 왼쪽에 있으면 모드 2로 구분된다.

▲ 조종기 스로틀이 오른쪽에 있는 모드 1   ▲ 조종기 스로틀이 왼쪽에 있는 모드 2

최근 제품에 전용 조종기를 포함한 경우 모드 1과 모드 2를 조종기의 프로그램 상에서 쉽게 변경이 가능한 제품도 있지만, 위 그림과 같은 고급 조종기일 경우 약간의 개조를 통해야만 변경이 가능하다.

양쌤's talk

대부분 손을 떼면 스틱이 중심으로 돌아오지만, 스로틀 스틱은 손을 떼어도 중심으로 돌아가지 않고 그 자리에 멈춰 있습니다.

③ 브러시 리스 모터(BLDC Motor)

BLDC Motor(Brushless DC Electric Motor)는 기체의 이륙 중량 및 비행 성능을 결정하는 매우 중요한 부품 중 하나이다. 모터는 크게 브러시를 사용하는 일반 모터와 브러시를 사용하지 않는 모터 두 가지로 구분할 수 있다.

▲ 브러시가 장착된 브러시 모터 내부

▲ 브러시 리스 모터 내부

브러시를 사용하는 일반 모터는 브러시를 사용하지 않는 모터에 비해 가격은 매우 저렴하다. 그렇기 때문에 현재 대형마트 및 웹사이트를 통해 구매하는 완구형 멀티콥터를 저렴하게 제조 가능하지만, 모터의 회전자와 브러시의 마찰에 의한 열로 인해 모터의 과열 및 브러시의 마모로 수명이 매우 짧은 단점이 있다. 그래서 이 책에서는 브러시가 없는 브러시 리스 타입의 모터만을 사용하여 설명하고자 하며 이후 BLDC 모터라 표기한다.

▲ 멀티콥터형 드론 제작을 위한 다양한 크기의 BLDC 모터

BLDC 모터를 구매하기 전에 알아두어야 할 점은 구매하려는 모터에 사용 가능한 프로펠러의 규격과 그에 따른 추력 계산이다. 대부분 모터의 스펙을 보면 알 수 있지만, 이해하기 어렵다면 구매하고자 하는 매장에 직접 문의를 하는 것이 중복 투자를 피할 수 있는 최선의 방법이다.

▲ 짐벌 제작을 위한 BLDC 모터　　　　　▲ 비행기용 덕트팬 BLDC 모터

모터에서 허용 가능한 전압 범위가 각각 다르기 때문에 허용 전압을 꼭 확인해야 한다. BLDC 모터의 회전수는 Kv로 표현되며 1Kv = 1V에 무부하 시 회전할 수 있는 최대 회전수를 뜻한다.

예를 들어, 100kv는 1V에 분당 RPM이 100RPM이 된다. 그러므로 사용되는 배터리가 22.2V라고 가정했을 때 100kv × 22.2V는 22,200이므로 무부하 시 최대 RPM이 22,200이 된다. 모터의 회전수는 전력 소비 및 비행성에 예민하므로 낮은 Kv값의 모터를 구매하는 것이 좋지만, 이에 따른 가격의 부담 또한 상승하게 된다.

먼저 기체의 이륙 중량과 모터의 추력 선택은 제작하고자 하는 기체의 총 이륙 중량을 임의로 설정하고 원하는 프레임 형태를 결정한 뒤 이후 그에 따른 모터의 수를 총 이륙 중량에서 나누거나 모터의 개별 추력을 먼저 선택하고 프레임 형태에 따른 모터의 수를 곱해 총 이륙 중량을 산출하여도 무관하다. 단, 비행 시 바람에 따른 기체의 반응과 관련 부품의 수명을 고려해 약 30% 정도의 여유를 두고 설계하는 것이 바람직하다.

예를 들어, 10kg 추력의 모터 6개를 사용하여 총 60kg의 추력을 확보하였다면 약 30%인 20kg을 제외한 나머지 40kg만으로 기체 무게와 추가로 탑재할 수 있는 무게를 산출하는 것이다. 그래야만 비행 중 발생하는 순간적인 돌풍과 같은 기상 상황에 대응할 수 있어 안전사고를 미연에 방지할 수 있다.

4 전자 변속기 ESC(Electronic Speed Controls)

ESC는 말 그대로 모터의 회전수를 조절하기 위한 변속기이다. 변속기는 메인 전원을 변속기에 공급하기 위한 +(빨간색) –(검은색) 두 가닥의 전선과 변속된 전원을 모터로 출력하는 좌측의 검은색 세 가닥의 전선이 있다. 마지막으로 FC 또는 조종기의 신호를 받아 변속기를 제어하는 가느다란 굵기의 ch254 커넥터로 신호선(그림에서는 흰색과 검은색으로 꼬여있는 전선)이 구성되어 있다.

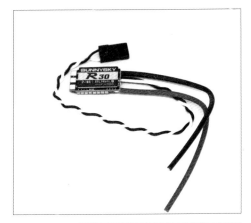

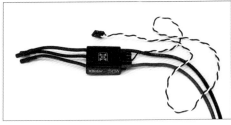

▲ 다양한 용량과 크기의 변속기

신호선(ch254 커넥터)의 경우 신호(S)와 접지(–)를 담당하는 두 가닥의 전선으로 구성된 경우와, 변속기에서 FC 혹은 수신기에 전원을 공급하기 위해 신호(S), 5V 입력(+), 접지(–) 세 가닥의 전선으로 구성된 경우가 있다.

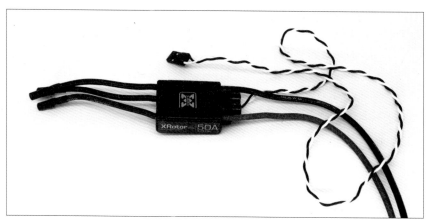

▲ 멀티콥터형 드론에 사용되는 일반적인 변속기의 배선

최근 제작되는 멀티콥터형 드론 FC의 경우에는 자체적으로 전원을 공급받고, 출력 핀을 통해 DC5V를 내보내고 있기 때문에 이런 경우에는 변속기에서 나오는 세 가닥의 전선 중 DC5V를 출력하는 +(빨간색)선을 반드시 잘라내고 사용해야 한다.

▲ 수신기에 전원을 공급하기 위해 변속기에서 출력되는 전원선 절단

일반 수신기를 사용하는 경우 수신기의 전원을 별도로 공급하지 않고 변속기에서 전원을 공급받을 수도 있기 때문에 이런 경우에는 그대로 사용하여도 된다.

간혹 변속기의 세부 설정을 위해 짧은 ch254 커넥터가 추가로 장착된 경우가 있으나 대부분 기본 세팅이 되어 판매되기 때문에 굳이 신경 쓰지 않아도 된다.

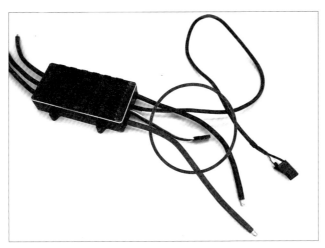

▲ 변속기 세팅을 위한 ch254 커넥터가 별도 장착된 제품

변속기와 결선된 모터의 회전 방향 설정은 모터로 전달되는 전원의 입력을 담당하는 세 가닥 중 임의의 두 전선을 바꾸게 되면 회전 방향이 바뀌는 형태이다. 이런 경우 모든 결선이 마무리되고 전원이 투입되어야 회전 방향을 확인하고 전환시킬 수 있기 때문에 최근에는 변속기에서 모터의 회전 방향을 바꿀 수 있게 되어 있는 제품도 있으니 참고하기 바란다.

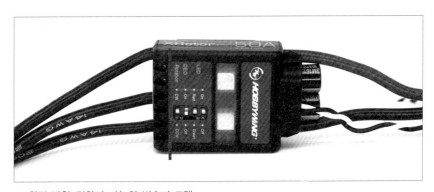

▲ 회전 방향 전환이 가능한 변속기 모델

또한 전자 변속기인 ESC는 전자식 제어기 때문에 거의 무단 변속에 가깝긴 하지만, 변속기와 조종기의 스펙에 따라 지원하는 해상도(변속 단수)가 다르므로 잘 보고 선택하여야 한다. 그리고 모터에서 허용하는 전압의 범위와 변속기에서 허용하는 전압의 범위가 다르므로 사용하고자 하는 모터와 변속기의 사용 전압 범위를 반드시 확인 후 구입하여야 한다.

구매한 변속기는 제품에 따라 장착 후 FC 및 조종기의 제어 범위와 변속기의 제어 범위를 일치시키는 Calibration 작업을 하여야 한다. 만일 Calibration 작업을 생략할 경우 모터와 변속기가 전혀 작동을 안 하거나 작동이 되어도 조종자가 원하는 형태의 조종이 불가능할 수도 있다.

변속기의 용량 선택은 모터 제조사에서 권장하는 용량의 변속기를 구매하는 것이 가장 바람직하다. 따라서 변속기의 구매는 모터를 먼저 선택한 뒤 진행한다.

양쌤's talk

멀티콥터형 드론 제작에서 Calibration이란 각 부품의 연동 과정에서 제어 범위를 일치시키는 중요한 작업입니다. 이 과정을 생략하게 되면 원활한 제어가 불가능해 사고의 위험이 매우 커집니다. 중요한 Calibration으로는 FC와 조종기, 변속기, 지자기센서 등의 공정이 있습니다.

5 프로펠러(Propeller)

프로펠러는 모터에 장착하여 회전되는 부품으로 회전에 의한 강한 바람을 하향시켜 추력을 발생하게 하는 부품이다. 프로펠러는 APC(플라스틱), 나무, 카본 등 다양한 재료로 제작된다. 재질에 따라, 각도에 따라 비행성과 체공 시간에 큰 영향을 주기 때문에 모터 제조사에서 권장하는 프로펠러 규격을 참고하여 결정하여야 바람직하다.

프로펠러는 재질에 따라 다양한 특징이 있다.
첫째, 카본 재질의 프로펠러는 비행시간에 대한 효율이 좋고 관리도 편하지만 비행 시 다른 프로펠러에 비해 소음이 심하다. 그리고 사고 시 대인, 대물에 대한 피해가 커질 수 있다는 점을 참고한다.

둘째, APC 소재의 프로펠러는 저렴하면서도 관리도 편리해 가장 범용적으로 사용되는 프로펠러이다. 그래도 사고 시 대인, 대물에 대한 피해가 있다.

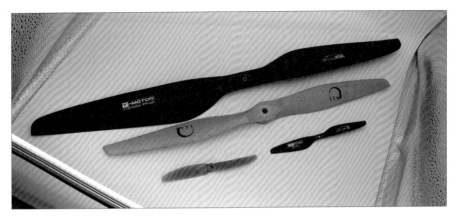

▲ 다양한 크기와 재질의 프로펠러

마지막으로 나무 재질의 프로펠러는 다소 비싸긴 하지만 비행 시 소음이 적고 사고 시 프로펠러가 먼저 파손되면서 대인, 대물에 대해 피해를 줄일 수 있다. 기체의 프레임 등 기체 부품에 대한 파손이 다른 재질의 프로펠러에 비해 적어 필자가 즐겨 사용하고 있는 재질이기도 하다.

그러나 작은 기체에 사용할 수 있는 프로펠러 제품을 찾기 매우 어려우므로 소형 기체의 경우 가급적 APC 재질의 프로펠러를 사용하길 권장한다.

멀티콥터형 드론의 비행은 본인의 즐거움이 될 수 있지만, 타인의 안전을 배려하지 않는다면 조종자로서의 기본적인 양심을 버리는 것과도 같다. 반드시 명심하길 바란다.

양쌤's talk

프로펠러의 규격은 프로펠러의 길이와 틀어진 각도로 표현합니다.

6 변압기 BEC(Battery Eliminator Circuit)

BEC는 드론 제작에서 변압기, 어댑터와 같은 역할을 한다. 최근 멀티콥터형 드론에 주로 사용되는 리튬폴리머 배터리의 경우 1S~6S를 주로 사용한다.

양쌤's talk

배터리에 표기된 S=sel이며
1sel=3.7v Li-Po
1sel=2.2v Li-Fe
1sel=1.2v NI-MH입니다.

현재 시판되고 있는 FC에서는 구형의 경우 2S~4S, 신형의 경우 2S~12S까지 전압 입력이 가능하다. 그러나 조종기와 세트로 사용되는 수신기와 서보 모터 등은 대부분 아직까지도 5~6V의 전압으로 사용되고 있어 필요에 따라 수신기나 서보 모터에 전원을 공급하기 위한 것으로 반드시 구매해야 하는 부품이기도 하다.

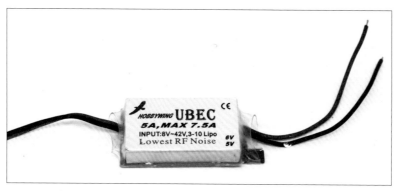

▲ 6~42V의 전압을 5V 혹은 6V로 변압하여 출력하는 BEC 제품

그러나 대부분 FC와 연결하게 되면 자동적으로 수신기에 전원이 공급되기 때문에 별도로 구매하는 경우는 거의 없다. 하지만 멀티콥터형 드론에 부가 기능을 수행하기 위해 장착되는 서보 모터(Servo Motor)를 사용하거나 혹은 FC에서 공급하는 전류량보다 높은 전류의 제품을 사용해야 할 경우 적절한 용량과 전압을 판단해 BEC를 구매하여야 멀티콥터형 드론에 다양한 기능을 부여할 수 있다.

서보 모터는 일반적인 무한 회전 모터와는 다르게 신호에 따라 각도를 변화시켜 임무를 수행하게 하는 특수 모터이다. 통상적으로는 0~180도를 제어하며, 일반 가정에서는 가스 밸브를 자동으로 잠그는 형태로도 사용된다. 무선 제어에서는 비행기의 기계적 구조물을 제어하는 데 사용된다.

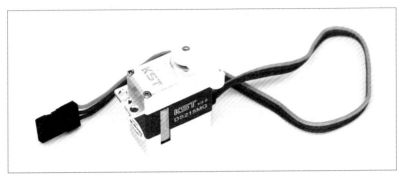

▲ 180° 회전형 서보 모터

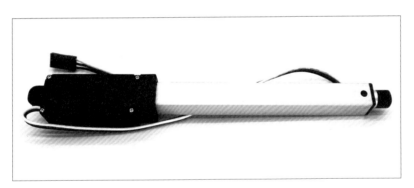

▲ 피스톤 형태로 제어하는 서보 모터

서보 모터는 원형 운동을 통한 제어 모델이 대부분이지만, 피스톤 운동과 같은 형태의 서보 모터도 판매되고 있으니 부여하고자 하는 기능에 따라 참고하여 사용하면 된다.

양쌤's talk

서보 모터는 조종하는 속도에 따른 반응 속도와 제어할 수 있는 무게에 따라 가격이 차등됩니다.

8 배터리와 충전기(Battery & Charger)

멀티콥터형 드론 제작 시 현재 Li-Po 배터리를 주로 쓰고 있지만, 후타바 T14SG 조종기 모델의 경우처럼 Li-Fe 배터리를 쓰는 경우도 있다. 이것은 배터리라고해서 모두 똑같은 배터리가 아님을 말하는 것이며, 멀티콥터형 드론 설계 시 배터리의 사용 전압을 결정하는 데 매우 중요한 포인트가 된다.

▲ 충전 중 화재 사고

▲ 배터리 충격 시 화재 유형

충전 시에도 배터리의 형식을 잘 모를 경우 충전 중 화재로 이어질 수 있는 매우 중요한 부분임을 숙지하여야 한다.

멀티콥터형 드론에 사용되는 모터와 변속기의 허용 전압은 sel로 표기된다. 1sel은 Li-Po 배터리의 경우 3.7V, Li-Fe의 경우 2.2V, NI-MH의 경우 1.2V를 기준으로 한다.

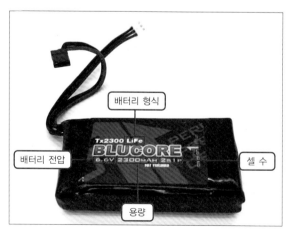
▲ Li-Fe 배터리

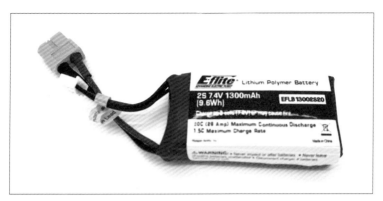

▲ Li-Po 타입의 저용량 배터리

▲ Li-Po 타입의 중용량 배터리

Li-Fe 배터리의 경우 1sel = 2.2V이기 때문에 Li-Po 타입과 sel당 전압 차이를 비교해 보면 각 sel당 전압 차이가 1.5V가 발생되어 12sel, 24sel로 전압을 올릴 경우 전압 차이는 상당한 격차가 발생하게 된다. 따라서 배터리의 제조 형식에 따른 전압의 차이를 정확하게 숙지한 뒤 사용하도록 하여야 사고를 미연에 방지할 수 있다.

이로 인해 배터리 제조사에서는 멀티콥터형 드론에 사용되는 배터리에는 배터리의 제조 형식, 전압(V), 전류량(A), 방전율(C)을 반드시 표기하고 있다. 부품 제조사에서도 제조하여 판매하는 모터, 변속기, FC, 조종기에도 허용 가능한 제조 형식 및 전압을 sel로 표기하고 있다.

농업용 드론이나 산업용 드론은 많은 전류를 소비하기 때문에 배터리 용량이 매우 크며, 이를 반대로 이야기하면 그만큼 충전 시간 또한 길어진다고 할 수 있다. 그렇기 때문에 최근에는 고용량 배터리만을 충전할 수 있는 전용 충전기가 판매되고 있어 충전기 구매 시 충전 가능한 배터리의 제조 형식과 sel 수를 꼭 확인하고 구매해야 한다.

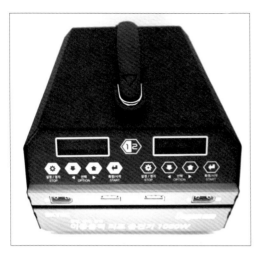

▲ 가정용 220V 전원 사용 및 고용량의 Li-Po 6sel 배터리 전용 충전기

한 대의 충전기를 이용해 여러 개의 배터리를 동시에 충전 가능한 모델 등 다양한 모델이 있다. 여러 개의 배터리를 동시에 충전 시 배터리의 제조 형식도 각각 다르게 설정할 수 있으니 사용하고자 하는 배터리를 잘 파악하여 충전기를 구매하면 된다.

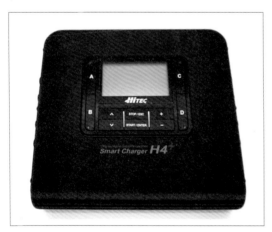

▲ 다양한 종류의 배터리를 동시에 충전 가능한 충전기

220V 전기를 이용한 충전이 가능한 220V 전용 충전기와, 야외에서 자동차 배터리로 충전 가능한 12V, 24V 전용 충전기가 있다. 12V 및 24V 전용 충전기를 구매한 경우 인버터를 추가 구매하면 가정이나 사무실에서 220v로 충전할 수 있으나 이런 경우 충전하고자 하는 배터리의 용량과 충전기의 전력 소비량을 확인하여 커버할 수 있는 수준의 인버터를 구매하여야 한다.

▲ 220V 전기를 12V 혹은 24V로 바꿔 충전기에 전력을 공급하는 고출력 인버터

9 프레임(Frame)

멀티콥터형 드론의 프레임에 사용되는 재료는 대부분 사용 가능하지만, FC에 따라 초기 세팅 및 이륙 시 지자기 센서의 데이터 오류를 발생시킬 수 있는 재료가 철재 (Fe)이다. 철재의 경우도 어떠한 형태로 가공되었는지에 따라 다르겠지만, 결론적 으로 드론 설계 시 가장 중요한 점 중 하나가 무게를 줄이는 경량화이기 때문에 철재 (Fe)의 경우 사용될 일은 거의 없다. 최근 멀티콥터형 드론 프레임에 사용되는 재료 는 플라스틱, 알루미늄, 카본이 주로 쓰이고 있다.

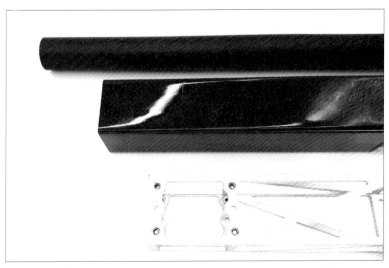

▲ 카본파이프(상), 카본 사각 파이프(중), 가공된 알루미늄 사각 파이프(하)

커넥터(Connector)

멀티콥터형 드론 제작 시 사용되는 커넥터는 매우 다양하다. 반드시 알아야 할 선택의 기준은 커넥터가 감당할 수 있는 전압(V)과 전류(A)량이다.

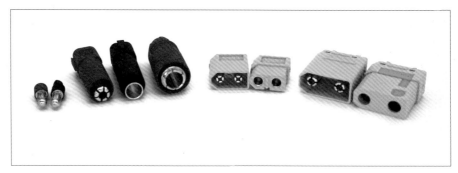

▲ 멀티콥터형 드론에 사용되는 다양한 모양과 용량의 커넥터

10여 년 전 국내 멀티콥터형 드론이 처음 들어온 후 가장 많은 사고의 원인이 되었던 것 중 하나가 커넥터의 잘못된 선택이었다. 커넥터는 모양과 크기에 따라 결속 강도와 흐르는 전기의 량이 다르다. 그렇기 때문에 설계된 기체의 전체 전기소비량에 비해 부족한 성능의 커넥터를 구매하여 장착하게 되면, 전기의 과부하로 인해 커넥터는 발열하게 되고, 커넥터와 전선을 고정하고 있던 땜납이 녹게 되면서 전원 공급이 중단되어 결국 기체는 추락하게 된다.

따라서 멀티콥터형 드론에 사용될 커넥터의 선택은 장착되는 모든 전기 제품의 설계가 마무리된 이후 최종 결정하는 것이 가장 현명한 방법이다.

양쌤's talk

시중에 판매되는 기성 커넥터들은 허용할 수 있는 전압(V)과 전류량(A)을 표기하고 있습니다.

03 멀티콥터형 드론 설계를 위한 기초 이론

1 프레임의 기초

멀티콥터형 드론의 설계에서 가장 중요한 것 중 하나가 내가 설계하고자 하는 멀티콥터형 드론이 어떤 업무를 수행할 것인가에 따른 총 이륙 중량과 최대 적재 중량의 계산이다.

▲ 다양한 모양과 용도의 멀티콥터형 드론

프레임은 계산된 이륙 중량과 최대 적재 중량 계산에 따른 수량의 모터와 프로펠러를 장착해야 한다. 항공 촬영, 농약 살포, 소방 방재와 같은 부가적인 기능을 부여하기 위한 기기들의 장착이 용이해야 하는 등 비행 능력 외에도 멀티콥터형 드론 제작후 활용 방안까지 종합적인 기능들이 설계 단계에 반영되어야 한다.

그중 멀티콥터형 드론은 장착된 모터 수에 따라 비상 착륙이 가능한 특징도 있다. 예를 들어, 4개의 모터를 장착하는 구조의 쿼드는 하나의 모터 고장으로 멈추게 되면 프로펠러의 회전 면적 중 1/4이 사라지고, 이는 추력이 3/4으로 감소된다는 뜻이 되며 회전 반력에 대한 상쇄 또한 2 : 1로 되어 상쇄의 균형이 깨지게 되지만 고장난 모터가 감당하던 1/4 범위에 이를 극복해 줄 수 있는 모터가 없어 곧바로 추락하게 된다.

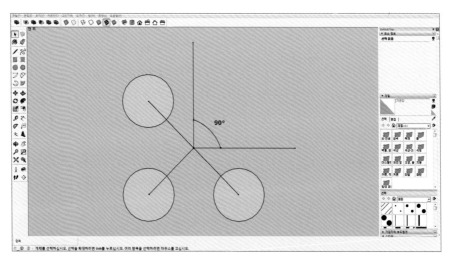

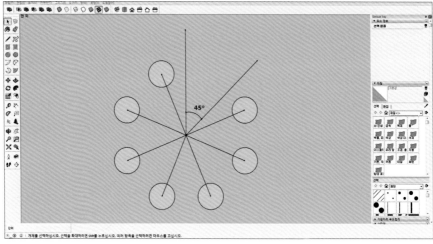

▲ 360° 중 공통으로 부담해야 하는 1/4 면적과 1/8 면적 비교

그러나 8개의 모터가 장착되는 구조의 옥토 방식에서는 하나의 모터가 고장으로 멈추게 되면 프로펠러의 회전 면적과 추력이 7/8로 감소하게 되고, 상쇄의 균형 또한 4:3이 되지만 한 개의 모터가 90° 범위를 담당하는 쿼드 방식과 비교해 보면 옥토 방식에서는 쿼드 방식의 90° 범위에 1/2의 모터 두 개가 더 존재하게 된다.

때문에 FC가 자동으로 주변의 모터와 프로펠러의 회전수를 제어하여 정상적인 비행은 불가능하지만 추락이 아닌 비상 착륙까지는 가능하게 하기 때문에 드론 설계 시 총 이륙 중량에 따른 모터의 수를 결정하는 과정은 매우 중요하다.

현재 멀티콥터형 드론이 갖고 있는 단점 중 가장 큰 하나가 비행시간이다. 이는 배터리의 용량과 무게에 따라 설계해야 하는 것이 한계라는 것을 매번 느끼게 된다. 결국 배터리의 용량과 무게는 우리가 직접 제작할 수 없는 영역이기 때문에 비행 효율을 높이기 위해서는 프레임의 경량화 즉, 얼마나 프레임을 다이어트시키느냐에 따라 결정된다고 해도 과언이 아니다.

수평으로 장착된 모터 구조의 멀티콥터형 드론 프레임

수평형 멀티콥터형 드론은 프레임에 장착된 모든 모터 및 프로펠러가 수평상에서 평면을 이루도록 장착된 방식을 말하며, 이러한 방식은 모터의 수를 짝수로 장착하고 장착된 모터의 회전 방향을 장착 순서에 따라 정방향과 역방향으로 회전하게 하여 상호 회전 반력을 상쇄시키며 비행하는 구조로 설계된 수평 장착형 방식의 쿼드(4개의 모터 사용), 헥사(6개의 모터 사용), 옥토(8개의 모터 사용)가 기초적인 멀티콥터형 드론 즉, 다수의 회전익을 장착한 무인기 설계의 기본 프레임이다.

▲ 쿼드 QUAD

▲ 헥사 HEXA

▲ 옥토 OCTO

모든 모터의 장착 방향을 수평으로 설계한 경우 사실상 에너지 효율에서는 가장 좋은 설계 방법으로 꼽히고 있다. 그러나 장착되는 모든 프로펠러가 겹치지 않는 조건에서의 수평 장착은 기체의 크기가 과도하게 커질 수 있다는 단점이 있다.
또한 프로펠러의 간섭 없이 프로펠러의 회전 면적을 최대한 확보한 구조는 모터의 최대 추력을 활용할 수 있지만, 반대로 프로펠러의 넓은 회전 면적으로 인해 중첩 구조에 비해 바람의 영향을 더 받게 되어 바람에 의한 비행성에 대해서는 취약하다는 평가를 받고 있다.

중첩으로 장착된 구조의 멀티콥터형 드론 프레임

▲ 하나의 붐에 두 개의 프로펠러를 장착한 중첩 구조

멀티콥터형 드론 프레임에 따른 모터의 장착 수 및 장착 형태는 쿼드, 헥사, 옥토와 같은 수평 장착 방식 외에도 Y6, X8과 같은 중첩 형태로 모터를 장착한 설계가 가능하다.

▲ Y6

▲ X8

중첩형 형태의 가장 큰 장점은 모터의 수를 유지하면서 수평 장착 방식에 비해 프로펠러의 회전 면적을 1/2로 줄여 기체의 크기 또한 작아질 수 있다. 줄어든 회전 면적만큼 바람의 영향을 덜 받게 되어 동일 조건에서의 비행 시 수평 장착 방식에 비해 안정적인 비행성을 보장할 수 있는 구조의 설계 방식이다.

하지만 중첩된 구조로 인해 상단에 장착된 프로펠러와 하단에 장착된 모터의 프로펠러 간의 공기흐름 간섭으로 수평 장착 방식에 비해 추력의 손실이 발생된다. 그렇기 때문에 드론 설계 시 내가 제작하는 기체의 활용 지역 및 기상 상황에 따른 영향을 충분히 고려하여 상기 방법 중 하나의 방식을 선택하게 된다면 중복 투자를 미연에 방지할 수 있을 것이다.

부가 기능에 의한 회전 반력 상쇄 구조의 멀티콥터형 드론 프레임

통상적인 멀티콥터형 드론의 모터와 프로펠러의 수는 4개 이상의 짝수로 설계된다. 이렇게 설계되는 가장 큰 이유는 장착된 모터와 프로펠러의 회전 방향을 반반 나누어 설정하면 쉽게 프로펠러 회전에 따른 회전 반력을 상쇄할 수 있어 쉽게 기체가 회전하는 것을 방지할 수 있기 때문이다.

또 사용되는 에너지를 모두 추력에 사용할 수 있기 때문에 특별한 공학적 지식이 없어도 누구나 손쉽게 설계 및 제작을 할 수 있다. 그러나 특수한 목적으로 혹은 재미로 이러한 균형적인 구조를 깬 구조의 드론도 있다.

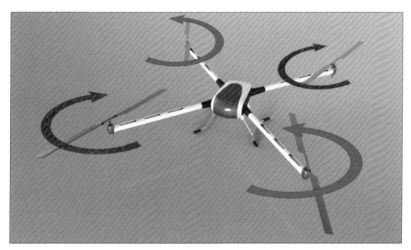

▲ 통상적인 멀티콥터형 드론의 모터 회전 방향 설정에 의한 회전 반력 상쇄

② 비행에 따른 프로펠러의 회전 상태

바람이 없고 기체의 무게 중심이 정확하다는 가정하에 쿼드를 기준으로 비행 명령에 따른 프로펠러의 회전 상태를 알아보면, 상승 시에는 4개의 프로펠러가 같은 회전수로 회전하지만 전진 및 후진 시 혹은 좌측 및 우측 이동 시 진행 방향을 기준으로 후방에 있는 두 개의 프로펠러의 회전수를 상승시켜 비행하게 된다. 요축, 일명 스윙 시 기체를 회전시키고자 하는 방향과 같은 방향으로 회전하고 있는 대각 두 개의 프로펠러의 회전수를 상승하여 회전 반력의 상쇄 밸런스를 깨어 기체를 회전하게 하는 구조를 기초로 멀티콥터형 드론을 비행하게 한다.

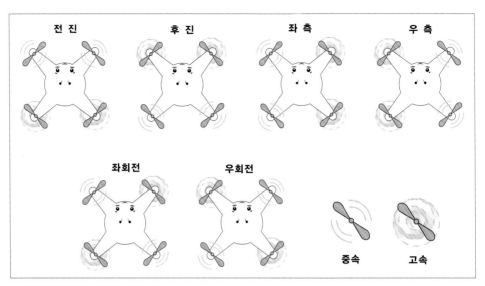

▲ 비행에 따른 각 모터의 회전 상태

그렇기 때문에 이러한 기초적인 구조를 탈피해 설계할 경우 제어를 가능하게 할 특별한 구조적 부가 기능이 부여되어야만 가능하다.

한 개의 프로펠러를 사용하는 구조

한 개의 프로펠러를 사용하는 구조로 설계할 경우 일반적인 헬리콥터의 제어 방식을 가져올 수밖에 없다. 한 개의 프로펠러를 사용하게 될 경우 발생되는 회전 반력의 상쇄를 위해 작지만 수직으로 프로펠러를 추가 장착하는 것이 가장 효율성이 좋기 때문이다.

또한 한 개의 프로펠러만을 사용할 경우 요축을 제외한 방향 전환을 위해 프로펠러가 아닌 로우터 블레이드 방식으로의 전환과 360°의 로우터 블레이드의 회전 방향 각도에 따른 로우터 블레이드의 피치 각도 제어를 위해 스와시 플레이트(Swashplate)라는 부품과 구조가 추가로 설계가 되는 것이 일반적인 헬리콥터의 구조라고 보면 된다. 그러나 최근 한 개의 프로펠러와 프로펠러 하단에 여러 개의 블레이드를 장착한 뒤 블레이드를 제어하여 비행하게 하는 구조 또한 개발되어 운영되고 있다.

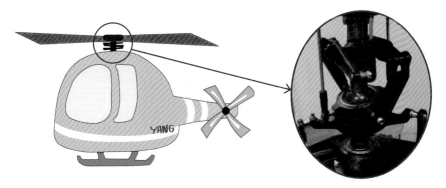

▲ RC 헬리콥터에 장착된 스와시 플레이트(Swashplate)

두 개의 프로펠러를 사용하는 구조

두 개의 프로펠러를 사용하는 구조 중 첫 번째는 일반적인 헬리콥터의 구조에서 동축반전 헬리콥터가 있으며, 두 번째는 탠덤로터(Tandem Rotor)의 구조가 있다. 그러나 두 가지 방식 모두 프로펠러가 아닌 로우터 블레이드를 사용하고 이를 제어하기 위한 스와시 플레이트가 필수적이다. 그렇기 때문에 일반적인 프로펠러를 사용하는 드론에서는 모터와 프로펠러를 고정하는 플레이트의 고정 각도를 가변하여 비행하게 된다.

▲ 군사용 탠덤로터(Tandem Rotor) 헬리콥터

세 개의 프로펠러를 사용하는 구조

세 개의 프로펠러를 사용하게 될 경우 짝수에 의한 손쉬운 회전 반력의 상쇄는 불가능하다. 그렇기 때문에 하나의 프로펠러의 장착 각도를 편향되게 장착하여 회전 반력을 상쇄한 뒤 비행하게 된다. 어쩌면 효율성과는 가장 동떨어진 구조라고 필자는 판단하고 있지만, 재미와 기술력을 돋보이고자 하는 사람들에게는 독보적인 구조라고도 할 수 있다.

③ 추력 계산과 소비 전력 계산

추력 계산

모터와 프로펠러의 추력 값은 총 이륙 중량을 모터 수로 나눈 값으로, 계산법은 매우 간단하다. 그러나 앞에서 설명했듯이 비행 조건과 안전을 고려해 본다면 단순하지만 상당히 신중하게 계산되어야 할 것들이 산재되어 있다.

예를 들어, 총 이륙 중량을 120kg이라고 가정할 경우 쿼드는 각각의 모터 추력이 30kg(4EA × 30kg = 120kg)이 되며, 헥사로 설계될 경우 20kg(6EA × 20kg = 120kg), 옥토로 설계할 경우 15kg(8EA × 15kg = 120kg)의 추력을 확보해야 한다. 결국 이륙할 수 있는 총 이륙 중량은 똑같지만 모터 수가 다르므로 기체의 크기, 바람의 변화에 따른 비행성, 제조 비용이 다르게 된다. 그렇기 때문에 단순하게 계산하기 보다는 기체의 크기, 비행 환경, 제조 비용, 부가 기능에 따라 신중한 설계를 당부하고자 하며 보다 자세한 내용은 이후 실제 제작 기술에서 설명하겠다.

소비 전력 계산

멀티콥터형 드론 제작에 사용되는 모터는 제조사에서 제품의 사전 검증을 통한 리포트를 제공하게 되는데 제시되는 모터의 허용 전압(V), 필요한 전류(A), 프로펠러의 크기, 발열, 추력 데이터를 제공하고 있다.

Test Report			
Test Item	P60 KV170	Report NO.	P.00002
Specifications			
Internal Resistance	80mΩ	Configuration	24N28P
Shaft Diameter	6mm	Motor Dimensions	Φ69×36.5mm
Stator Diameter	62mm	Stator Height	15mm
AWG	16#	Cable Length	600mm
Weight Including Cables	379g	Weight Excluding Cables	347g
No.of Cells(Lipo)	6-14S	Idle Current@10v	1A
Max Continuous Power 180S	1800W	Max Continuous current 180S	38

Load Testing Data									
Ambient Temperature				18℃		Voltage		DC Power Supplier	
Item No.	Voltage (V)	Prop	Throttle	Current (A)	Power (W)	Thrust (G)	RPM	Efficiency (G/W)	Operating Temperature (℃)
P60 KV170	48	T-motor 20*6CF	50%	5.4	259.20	2116	4152	8.16	55
			55%	6.4	307.20	2371	4425	7.72	
			60%	7.7	369.60	2762	4709	7.47	
			65%	9.3	446.40	3125	5014	7.00	
			75%	13.2	633.60	4002	5626	6.32	
			85%	17.3	830.40	4821	6177	5.81	
			100%	25.4	1219.20	6246	6992	5.12	
		T-motor 22*6.6CF	50%	6.6	316.8	2801	3703	8.84	85
			55%	8.6	412.8	3312	4005	8.02	
			60%	9.9	475.2	3763	4289	7.92	
			65%	12.4	595.2	4356	4575	7.32	
			75%	17.1	820.8	5372	5091	6.54	
			85%	23.2	1113.6	6582	5635	5.91	
			100%	34	1632	8414	6374	5.16	

Notes:The test condition of temperature is motor surface temperature in 100% throttle while the motor run 10min.

▲ T-motor 사의 P-60 모델 모터의 리포트(출처 www.artcopter.com)

위 리포트는 T-motor 사의 P-60 모델의 리포트이다. 먼저 P-60 모델은 Li-Po 형식의 배터리를 6~14sel까지 사용 가능하다고 표기하고 있다. 이는 Li-Po의 1sel은 3.7V이므로 6sel × 3.7V = 22.2V, 그리고 14sel × 3.7V = 51.8V 즉, T-motor 사의 P-60 모델 모터의 허용 전압은 22.2~51.8V가 된다.

최대 소비 전력 계산은 V × A이기 때문에 48V × 34A = 1.632KW가 되어 상기 표기된 데이터 값인 1.8KW에 준한 계산이 성립된다. 따라서 T-motor 사의 P-60 모델 모터를 사용할 경우 허용 전압은 22.2~51.8V가 되며, 필요한 소비 전력은 1개 사용 시 최대 약 1.6KW의 전력이 필요하게 된다.

이를 근거로 다시 멀티콥터형 드론 설계에 적용해 보자.

T-motor 사의 P-60 모델을 이용해 쿼드로 설계 시 8.414kg × 4EA = 33.656kg으로 약 33.6kg의 총 이륙 중량을 얻을 수 있지만, 1.6KW × 4EA = 6.4KW의 전력이 필요하게 된다. 핵사로 설계 시 8.414kg × 6EA = 50.484kg으로 약 50kg의 총 이륙 중량을 얻을 수 있지만, 1.6KW × 6EA = 9.6KW의 전력이 필요하다. 옥토로 설계 시 8.414kg × 8EA = 67.312kg으로 약 67kg의 총 이륙 중량을 얻을 수 있지만, 1.6kw × 8EA = 12.8kw의 전력이 필요하다는 계산 값을 얻을 수 있다.

그러나 현재 일반 가정에 공급되는 전력이 약 5kw이고 일반 산업용 전기가 15kw 이상으로 공급되는 것을 참고해 볼 때 멀티콥터형 드론에서 소비되는 전력이 매우 크다는 것을 알 수 있게 된다.

그렇다면 위 리포트를 기반으로 필요한 배터리의 용량을 계산하여 보자.

배터리의 용량은 Ah로 A(암페어)는 용량을 의미하고, h는 1시간을 의미한다. 즉, Ah는 1A로 1시간 동안 쓸 수 있는 전기의 용량을 의미한다는 결론이다. 따라서 보유한 배터리를 이용해 비행 가능한 시간을 계산할 경우에는 보유한 배터리의 용량인 Ah를 전체 모터의 전류 소비량 A로 나눈 뒤 다시 60분을 곱하면 보유한 배터리를 이용해 비행할 수 있는 시간을 분 단위로 계산이 가능하다.

양쌤's talk

(Ah ÷ A) × 60 = 비행 가능한 시간(분)

이 계산 공식은 배터리를 100% 사용할 경우의 계산법으로 실제 사용에서는 산출된 사용 시간에서 배터리 안전 관리 기준 15% 이상을 공제하고 배터리의 성능을 감안하여 사용하여야 합니다.

다시 T-motor 사 P-60 모델의 리포트를 기반으로 보유한 배터리로 비행 가능한 시간을 분 단위로 계산해 보자. 데이터 값에 따르면 48V의 전압과 22인치의 6도 프로펠러 사용 시 소비 전류는 34A에 추력은 약 8.4kg이 된다. 하지만 현실적으로 기성 배터리로는 48V를 만들기 어렵고, 6sel/22,000mAh 배터리를 직렬로 연결한 44.4V/22,000mAh로 적용과 다소 차이가 있지만 이해를 돕기 위해 나머지 데이터는 위 데이터 수치를 그대로 적용하여 계산해보자.

먼저 쿼드로 설계 시 모터의 개당 추력은 8.414kg이므로 × 4EA를 하면 33.656kg으로 약 33.6kg의 총 이륙 중량을 얻을 수 있다. 이때 각각의 모터에서 소비되는 전력은 각각 34A이므로 34A × 4EA를 하면 136A의 전력이 필요하게 된다.

따라서 보유한 22Ah 배터리 ÷ 136A × 60분을 하게 되면 약 9.7분이 나오게 되어 상기 T-motor 사의 P-60 모델로 약 33.6kg의 최대 이륙 중량이 가능한 쿼드형 드론을 제작하고 22.2V에 22,000mAh 배터리 두 개를 직렬로 연결하여 44.4V에 22,000mAh 배터리를 보유하고 있다면 비행 가능한 시간은 최대 9.7분이다.

이와 같은 공식을 다시 정리해보자.

한 개의 모터에서 소비되는 전류(A) × 장착되는 모터의 수 = 전체 소비 전류(A)가 된다. 보유한 배터리의 시간당 전류량(Ah) ÷ 전체 소비 전류(A) × 60분 = 비행 가능 시간(분)으로 계산된다는 결과이다. 1,000mAh = 1Ah이다.

따라서 다음과 같은 계산으로 추정이 가능하며 이와 같은 조건에서 비행시간을 늘리고자 한다면 원하는 비행시간만큼 배터리의 수를 상기 계산 결과를 참고하여 증가시키면 된다.

- 쿼드로 설계 시 34A × 4EA = 136A이며, (22Ah ÷ 136A) × 60분 = 약 9.7분 비행 가능/총 이륙 중량 약 33.6kg
- 핵사로 설계 시 34A × 6EA = 204A이며, (22Ah ÷ 204A) × 60분 = 약 6.4분 비행 가능/총 이륙 중량 약 50kg
- 옥토로 설계 시 34A × 8EA = 272A이며, (22Ah ÷ 272A) × 60분 = 약 4.8분 비행 가능/총 이륙 중량 약 67kg

하지만 배터리의 증가는 기체 무게의 증가를 동반하기 때문에 원하는 비행시간과 기체의 무게 중 특히 배터리의 무게를 잘 비교하여 설계하여야 한다.

양쌤's talk

DC 배터리는 직렬 연결 시 배터리의 전류량(A)은 변화 없이 전압(V)만 상승하게 되며, 병렬 연결 시 전압(V)은 변하지 않고 전류량(A)만 증가하게 된다.

PART

02

나만의
드론 만들기

04 등각을 이루는 가변 붐 멀티콥터형 드론 제작

1 드론의 크기

원하는 멀티콥터형 드론을 제작하기 위해서는 기본적으로 모터와 프로펠러의 수를 내가 원하는 수량으로 정할 수 있어야 하며 이에 따른 제어 프로그램의 설정이 가능해야만 한다. 하지만 온라인 혹은 대형마트와 같은 오프라인에서 구매 가능한 기성 드론 제품은 구매 후 내가 원하는 수량의 모터와 프로펠러로 변경하기가 매우 어렵다.

▲ 비행은 가능하지만 구조를 변경할 수 없는 기성 제품

혹 억지로 변경을 하더라도 모터를 제어하는 프로그램의 설정을 바꿀 수 없기 때문에 이런 경우 실제 비행으로까지 이어지는 것은 거의 불가능하다. 그렇기 때문에 앞에서 설명한 드론에 사용되는 부품들의 기본적인 기능을 조합하여 나만의 멀티콥터형 드론을 제작한 과정과 노하우를 공유하고자 한다.

이후 기술되는 내용은 필자가 이미 특허로 등록한 기술입니다. 본서 및 3D 프린터를 활용하여 학교에서 수업하고 지도하는 경우 무료로 사용 가능하지만, 기술된 기술을 기반으로 제품화 및 상업화를 할 경우 민·형사적 책임을 져야 한다는 것을 기억해주길 바랍니다.

▲ 직접 제작 중인 필자

본서에서 예시되는 프로그램은 도면 제작을 위한 프로그램으로 '스케치업'을 사용하고 실제 가공을 위한 도면 제작 프로그램으로 'artCAM'을 사용한다. 그러나 위 프로그램과 데이터에 연연하지 말고 제시되는 기술을 잘 이해하고 학습한다면, 예시되는 프로그램과 데이터와는 별도로 제시된 기술에 각자의 생각이 더해진 멋진 드론이 제작될 것이라 확신하고 있다. 따라서 이후부터 제시되는 두 가지 형태의 드론 제작 과정을 학습하여 보다 개성적이고 실용적인 미래의 드론이 개발되기 진심으로 바란다.

지금까지는 드론의 크기를 표현할 때 대칭되는 두 개의 모터의 거리를 기준으로 표현했다. 하지만 최근 저렴한 고성능 모터의 개발과 주변기기의 발전으로 인해 단순히 프레임의 크기만을 가지고 드론의 크기를 구분한다는 것에는 무리가 있다고 생각된다.

예를 들어, 대형마트에서 판매하는 20~50cm 정도 크기의 저렴한 멀티콥터형 드론과, DIY 메이커들이 사용하는 동일한 크기의 멀티콥터형 드론의 성능과 가격의 차이가 매우 크다. 이는 드론 프레임의 크기보다는 드론에 장착되는 모터의 추력 차이가 다르기 때문이다. 드론의 크기는 총 이륙 중량과 추가 적재량을 기준으로 표현하는 것이 옳은 방법이라고 생각한다. 따라서 드론의 크기는 총 이륙 중량을 기준으로 멀티콥터형 드론의 크기를 표현하고자 한다.

등각을 이루는 가변 프레임

보편적인 멀티콥터형 드론에 사용되는 프레임의 형태는 3개의 붐을 장착하는 트라이, Y6 형태와 4개의 붐을 장착하는 쿼드, X8, 그리고 6개의 붐을 장착하는 헥사, 도데카, 마지막으로 8개의 붐을 장착하는 옥토의 형태가 보편적이다.

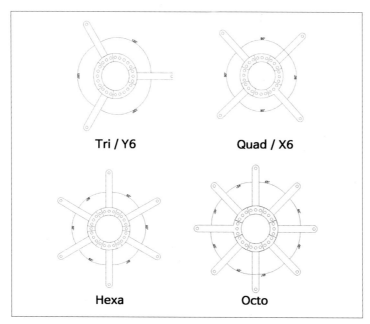

Tri / Y6   Quad / X6

Hexa   Octo

▲ 장착되는 붐 수량에 따른 등각 표시

이러한 프레임의 공통점은 모든 붐의 각도가 360°를 1/n로 나누어 장착함으로써 각 프레임에 장착된 붐은 모두 동일한 각도로 장착되어 있다. 이것을 '등각'이라고 하며 장착되는 붐의 수를 원하는 대로 더하거나 뺄 수 있게 하는 것을 '가변'이라고 한다. 드론에 장착되는 모든 붐이 100% 등각으로 설계되어야만 비행이 가능한 것은 아니지만, 등각의 기초를 올바로 알고 있어야 이후 변형도 가능하다.

3 등각을 이루는 가변 프레임 드론의 설계

통상적으로 사용되는 프레임 형태의 붐의 수는 3개, 4개, 6개, 8개이며, 이러한 붐의 수를 하나의 프레임에 담기 위해 기초적인 계산을 해 볼 필요가 있다.

먼저 360°에 3개의 붐을 등각으로 장착하게 되면 각각의 붐은 120°를 유지하게 되고, 360°에 4개의 붐을 등각으로 장착하게 되면 각각의 붐은 90°, 6개는 60°, 8개는 45°를 유지하게 된다. 이런 계산을 통해 1차적으로 공통화시킬 수 있는 프레임 형태는 2개로 압축된다는 것을 알 수 있다.

먼저 120°의 등각을 유지하게 되는 프레임과 60°의 등각을 유지하게 되는 프레임은 3과 3의 배수라는 특징으로 인해 하나의 프레임에 그대로 적용 가능하다. 그 이유는 120°를 1/2 나누면 60°가 되고, 반대로 60°에 × 2를 하여도 120°가 나오기 때문에 하나의 프레임에 3개와 6개의 붐을 장착할 수 있게 설계하여도 모두 등각을 유지할 수가 있다. 나머지 90°의 등각을 유지하게 되는 프레임과 45°를 유지하게 되는 프레임 또한 90°를 1/2로 나누면 45°가 되고, 반대로 45° × 2를 하면 90°가 되기 때문에 이 두 형태의 프레임 또한 하나의 프레임에 장착할 수 있게 설계하여도 등각을 이루게 된다.

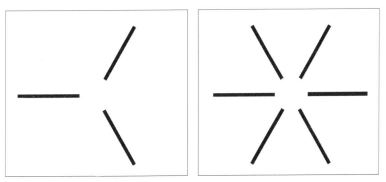

▲ 각 붐의 각도가 120°인 트라이 프레임 　▲ 각 붐의 각도가 60°인 헥사 프레임

붐의 수가 3개인 프레임과 6개인 프레임은 하나의 프레임으로 제작 가능하고, 붐의 수가 4개인 프레임과 8개인 프레임이 하나의 프레임으로 제작 가능하다는 1차적 결론이 도출되었다. 결국 4개의 프레임 형태를 2개로 압축하는데 성공한 셈이다.

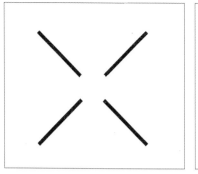

▲ 각 붐의 각도가 90°인 쿼드 프레임　　▲ 각 붐의 각도가 45°인 옥토 프레임

그렇다면 돌출된 2개의 프레임을 하나로 압축할 수 있을까? 아쉽게도 압축된 2개의 프레임 형태를 하나로 또다시 압축하기 위해서는 풀어내야 할 숙제가 한 가지 더 생긴다.

120°, 3개

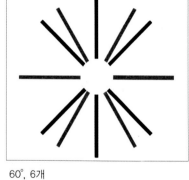

60°, 6개

90°, 4개

45°, 8개

▲ 모든 붐의 수를 장착한 뒤 형태별 사용되는 붐을 표시한 각도 차이 모니터

6을 1/2로 나누면 3, 그리고 8을 1/2로 나누면 4, 결국 3과 4는 홀수와 짝수라는 차이를 만든다. 등각이라는 조건 하에 3과 4라는 홀수와 짝수는 15°라는 각도의 차이를 만들어 내고 만다. 이는 홀수 프레임과 짝수 프레임을 등각으로 설계 시 15°의 각도 차이를 극복해야만 하나의 프레임으로 가변할 수 있다는 의미가 된다. 이에 추가적으로는 적용되는 붐의 디자인을 하나로 통일해야 한다는 고민까지 더해진다.

이로 인해 필자가 고안해낸 방법은 붐의 프레임 고정부에 3개의 구멍을 가공하고 프레임의 붐 고정부에는 24개의 핀을 제작하는 방법이다. 24라는 숫자는 360°를 15°로 나누어 나온 숫자이며, 24를 붐의 최대 개수인 8로 나누게 되면 3이라는 숫자가 나오기 때문이다.

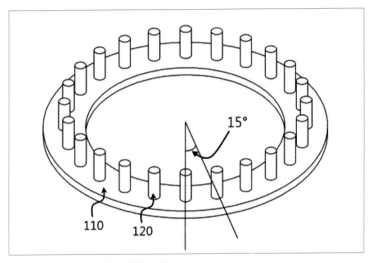

▲ 프레임 고정부 핀 각도 계산 도면

붐의 프레임 고정부를 붐의 중심을 기준으로 하여 15° 간격으로 3개의 구멍을 천공 시 최대 24개의 핀에 모두 장착 가능하며, 이는 8개의 붐을 고정할 수 있다는 계산이 성립된다. 따라서 4개의 붐을 장착하는 쿼드 또한 8개의 붐 중 절반인 4개를 탈거하면 되므로 자동적으로 구현 가능하다는 계산이 성립된다.

또한 45°로 장착되는 8개의 옥토 프레임에 비해 15°를 틀어 장착해야 하는 헥사 프레임도 15° 간격으로 3개의 천공된 붐의 프레임 고정부를 기존 장착 위치에서 하나의 핀을 빗겨 장착하게 되면 15°가 틀어진 상태에서 60° 간격으로 6개의 붐이 등각을 이룰 수 있기 때문에 동일한 프레임에서 구현이 가능해진다.

특허증
CERTIFICATE OF PATENT

특허
Patent Number
제 10-1665236 호

출원번호
Application Number
제 10-2015-0020731 호

출원일
Filing Date
2015년 02월 11일

등록일
Registration Date
2016년 10월 05일

발명의 명칭 Title of the Invention
무인 비행체의 멀티 로터 프레임 및 이를 이용한 프레임의 조립 방법

특허권자 Patentee
등록사항란에 기재

발명자 Inventor
등록사항란에 기재

위의 발명은 「특허법」에 따라 특허등록원부에 등록되었음을 증명합니다.
This is to certify that, in accordance with the Patent Act, a patent for the invention has been registered at the Korean Intellectual Property Office.

2016년 10월 05일

특허청장
COMMISSIONER,
KOREAN INTELLECTUAL PROPERTY OFFICE

최 동 규

▲ 필자의 특허증

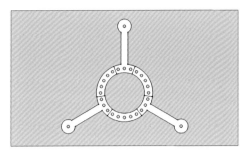

트라이 Tri & Y6

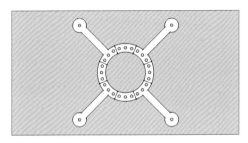

쿼드 Quad & X8

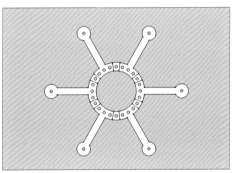

헥사 Hexa

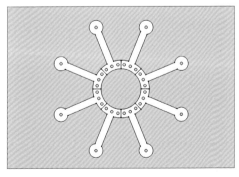

옥토 Octo

▲ 양쌤의 법칙으로 제작된 등각을 이루는 가변 붐 프레임

자동적으로 6개의 붐의 절반인 3개의 붐만을 사용하는 트라이 또한 자동적으로 구현이 가능하다는 계산이 성립되며, 이것이 바로 특허로 등록된 기술, 필자 양정환이 말하는 '양쌤의 법칙'이다.

참고로 양쌤의 법칙을 근거로 학생들과 수업하고 3D 프린터로 직접 제작해보면 보다 재미있는 수업이 가능해 진다.

양쌤's talk

양쌤의 법칙은 하나의 프레임에 3배수의 붐과 4배수의 붐을 고정하는 방법에서 360°를 24로 나눈 24개의 핀과, 붐의 중심을 기준으로 15° 간격으로 3개의 핀 홀을 천공하면 모든 프레임이 등각을 이루며 장착이 됩니다.

4 모터와 프로펠러의 선택

모터의 선택은 앞에서 설명했듯이 모터 제조사에서 제공하는 스펙을 비교해보고 자신이 설계하고자 하는 멀티콥터형 드론의 총 이륙 중량을 계산하면 된다. 그러나 프레임의 형태에 따라 장착할 수 있는 프로펠러의 길이에 제한이 발생하기 때문에 실제 설계에서는 모터의 추력과 함께 장착할 수 있는 프로펠러의 길이 또한 함께 고민되어야 한다.

예를 들어, 22인치 프로펠러 사용 시 추력이 8kg되는 모터를 사용한다는 전제로 표에 대입하여 붐의 길이를 알아보자.
1인치는 약 2.54cm이다. 그렇다면 22인치는 22 × 2.54 = 55.88cm이다. 이를 다시 mm로 환산하면 558.8mm가 된다. 이를 근거로 다시 대입해 보면 헥사의 경우 558.8mm의 길이에 프로펠러와 프로펠러 간의 공간까지 감안하면 600이라 표기된 곳까지 붐의 길이를 유지해줘야 한다. 이때 붐의 길이는 프레임의 중심에서 600mm이기 때문에 드론의 전체 직경은 프로펠러를 제외한 모터와 모터의 거리 기준 1200mm 즉, 1.2m의 크기가 된다.

그러나 다시 위 조건을 옥토 프레임으로 설계하게 된다면 대략 612mm에 해당되고, 이때 붐의 길이는 프레임의 중심부로부터 800mm가 되기 때문에 동일한 조건의 모터와 프로펠러를 옥토로 설계할 경우 프로펠러를 제외한 모터와 모터를 기준한 전체 직경은 1600mm 즉, 1.6m로 그 크기는 상당히 커지게 된다.

물론 헥사에 비해 옥토는 2개의 모터와 프로펠러를 추가 장착하기 때문에 그만큼 추력은 늘어나게 된다. 하지만 운반과 기체를 제어할 수 있는 FC의 성능을 감안해 본다면 높은 추력을 얻기 위해 무조건 옥토로 설계하는 것보다는, X8과 같은 중첩 구조로의 설계 변경도 고려해 볼만 하다.

쿼드와 X8 방식에 적용해 보자. X8 프레임에 위 조건을 대입해 보면 붐과 붐의 거리 기준에서는 붐의 길이가 대략 450mm까지 적용 가능하다. 하지만 프로펠러는 회전하는 회전체이기 때문에 붐과 붐 사이의 거리를 계산하기 전에 프레임 중심부와의 거리 또한 함께 고려해야 한다.

따라서 프레임의 중심부에 FC 등 전자기기를 장착하는 공간을 최소 직경 300Ø를 확보하려면 프레임 중심부에서 반경에 해당되는 150mm와 회전하는 프로펠러의 반경 279.4mm를 감안하면 붐과 붐 사이의 간격을 계산하기에 앞서 프레임 중심부와 이 이격이 최소 429.4mm를 먼저 확보해야만 한다. 이를 다시 적용하여 계산하면 상기 모터와 프로펠러를 쿼드 혹은 X8 방식의 프레임으로 설계 시 붐의 길이는 대략 600mm가 적당하다는 결론이 돌출된다. 전체 직경은 1.2m로 옥토 방식과 수량이 같은 8개의 모터와 프로펠러를 동일하게 사용하면서도 크기는 6개를 사용하는 헥사 수준으로 크기가 줄어 옥토에 비해 운반과 제어가 용이해 지는 이득이 생기게 된다.
단, 앞에서 설명했듯이 중첩 구조로 설계할 경우 약간의 추력 손실은 발생하고, 대신 측풍과 돌풍 등 바람에 대한 저항력은 상승된다는 점도 함께 고려해 보길 바란다.

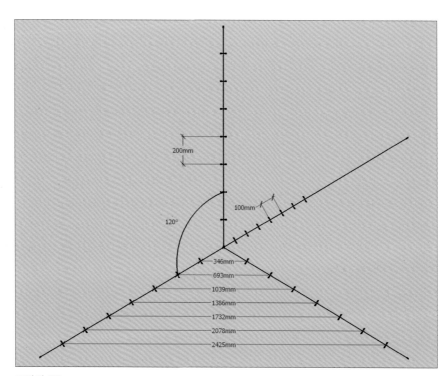

트라이 Tri

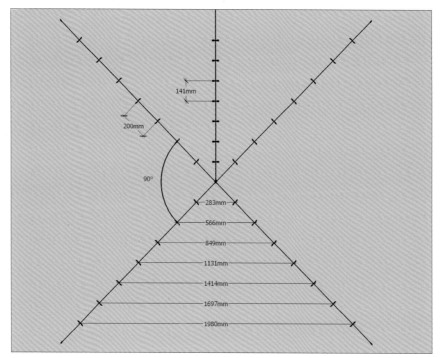

퀴드 Quad

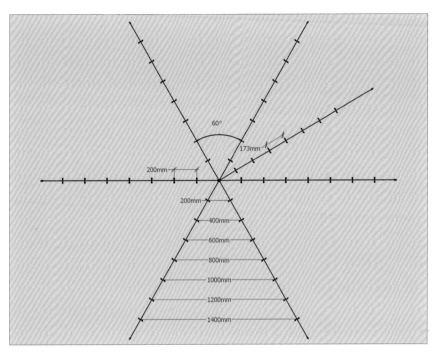

헥사 Hexa

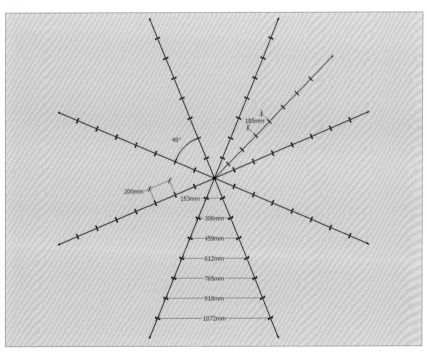

옥토 Octo

▲ 프레임 설계 시 붐 기장에 따라 장착 가능한 프로펠러의 길이 계산/단위 mm

5 변속기의 선택과 세팅

지금까지는 모터와 프로펠러를 선택하는 기준과 설계 방식을 설명했다면 이제부터는 선택된 모터를 구동하기 위한 변속기의 선택 및 세팅에 관해 알아보자.

▲ R1406 BLDC 모터

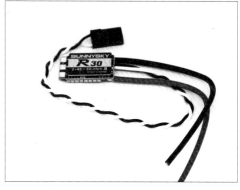

▲ R30 변속기

학습에 사용할 예제 모터는 써니스카이에서 제조한 R1406 BLDC 모터와 R30 변속기를 사용한다. 참고로 R1406 BLDC 모터는 소비자 가로 대략 개당 12,000원 정도의 일반 깡통 모터(브러시 모터)에 비하면 상당히 고가의 모터이지만 제작 후 추가적인 기능 부여에 따른 운영 등 많은 것을 고려해 본다면 깡통 모터로 구현하기 힘든 추력과 내구성을 확보할 수 있다는 가장 큰 장점이 있기 때문에 가급적 BLDC 모터의 사용을 권장한다.

변속기와 모터의 결선

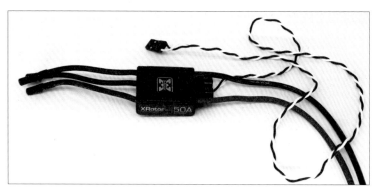

▲ 통상적인 변속기 모양

통상적인 변속기는 모터와 결선되는 좌측의 검은색 3선과 배터리로부터 전력을 공급받는 우측의 빨간색(+)과 검은색(-) 2선, 그리고 FC로부터 제어 신호를 수신하는 하얀색과 검은색으로 꼬여진 신호선(ch254 커넥터)이 있다. 그러나 이번에 사용되는 R30 모델의 변속기는 모터로 결선되는 부분이 PCB에 직접 납땜해서 모터와 결선하는 방식으로 이 부분을 제외한다면 통상적인 변속기와 외형상의 차이는 없다.

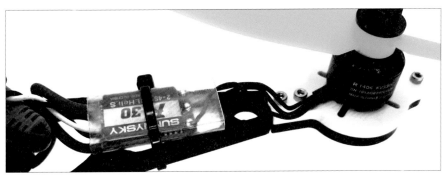

▲ R1406 BLDC 모터와 R30 변속기의 납땜을 이용한 결선

모든 변속기는 허용 전압(V) 및 허용 전류(A)의 크기로 구분하지만, 사용 방법 및 세팅은 대부분 똑같다. 단, 과거에는 수신기에 DC5~6V를 공급하기 위해 변속기에서 DC5~6V를 출력하는 모델이 있지만, 최근에는 FC 자체에서 DC5~6V를 출력하고 있기 때문에 멀티콥터형 드론 전용 변속기에는 FC로 가는 신호선(ch254 커넥터)에 빨간색(+) 선이 없다.

▲ ch254 커넥터 케이블에서 전원선을 잘라낸 것

이런 제품을 구매한 경우 신호선의 빨간색 선을 잘라 단선시킨 뒤 사용하면 되는데, 단선 후에도 전기 출력이 되므로 절연 테이프 혹은 수축 튜브를 이용하여 합선을 방지하기 위한 절연을 반드시 한 뒤 사용해야 한다.

변속기의 칼리브레이션(Calibration)

변속기의 Calibration은 조종기의 조종 범위와 변속기의 조종 범위를 일치시키는 과정이며 최소 구매한 변속기는 반드시 Calibration을 해줘야 한다. 방법은 조종기의 스로틀 채널에 모터와 변속기를 결선한 뒤 변속기에 전원을 인가하면 1차로 '삐~' 소리가 나는데, '삐~' 소리를 들은 뒤 곧바로 스로틀 스틱을 반대 방향 끝으로 움직인다. 2차로 '삐~' 소리가 나면 다시 스로틀 스틱은 원래대로 하며 변속기의 Calibration은 끝이 난다. 참고로 세팅 중 발생하는 신호음은 제조사 및 제품별로 차이가 있다. 상용되는 모든 모터와 변속기를 반복하여 설정하면 **반드시 모터에서 프로펠러를 제거 후 Calibration 작업을 해야 한다.**

 양쌤's talk

 변속기 Calibration 및 모터 회전 방향 관련 동영상을 확인해 볼 수 있습니다.

이런 과정 중 특이점은 실제 변속기의 신호 인식 방향 즉, 0포인트와 100포인트의 제어 방향이 조종기 제어 방향과 대부분 반대로 되어 있다. 물론 FC에서 이를 계산하여 출력하기 때문에 비행에는 문제 없지만, 최초 변속기를 Calibration 해야 하는 경우에는 스로틀의 0포인트가 스로틀 스틱을 맨 아래로 내린 상태가 아닌 맨 위로 올린 상태가 된다. 초보자들이 가장 많이 실수하는 경우가 변속기의 Calibration이다.

변속기의 Calibration은 몇 번을 반복해도 상관 없다. 따라서 이 내용을 기초로 확실할 때까지 세팅을 시도해보기 바란다. 재차 강조하지만 변속기의 Calibration 시에는 반드시 프로펠러를 제거하고 해야 안전사고를 방지할 수 있다. 참고로 일부 고급 변속기는 전용 세팅기가 따로 있지만, 전용 세팅기를 사용하는 모델 또한 Calibration 방법은 동일하다.

모터의 회전 방향 설정

멀티콥터형 드론에 장착되는 모터와 모터에 장착된 프로펠러의 회전 방향은 임의의 하나의 모터와 프로펠러를 기준으로 시계방향(CW)과 시계 반대방향(CCW)을 순차적으로 번갈아가며 설정하면 된다. 그러기 위해서는 변속기에서 모터로 결선되는 전선의 결선 방법이 중요하다.

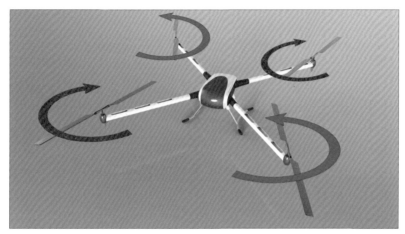

▲ 멀티콥터형 드론에 장착된 프로펠러의 회전 방향

프로펠러를 제거한 상태에서 모터의 삼선과 변속기의 삼선을 결선 후 전원을 공급하여 모터를 회전시킨다. 그러면 모터는 시계방향 혹은 시계 반대방향으로 회전할 것이다. 이러한 상태에서 현재 회전하고 있는 방향에서 반대 방향으로 회전을 시키려 할 경우 모터와 변속기를 연결한 3가닥의 전선 중 임의의 전선 두 가닥의 결선을 바꾸면 모터는 기존 회전 방향에서 반대 방향으로 회전하게 된다.

양쌤's talk

· 장착되는 모터의 번호와 회전 방향은 사용되는 FC에 따라 다르기 때문에 꼭 제조사의 매뉴얼을 숙지하기 바랍니다.

· 모든 제작 및 세팅 과정 중에는 안전을 위해 반드시 프로펠러를 모터에서 제거해야 합니다.

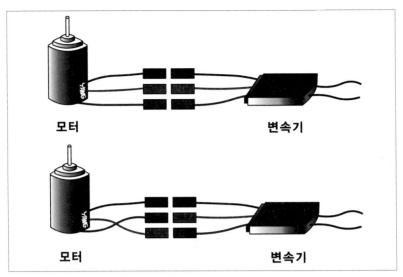

▲ 회전 방향 전환을 위한 모터와 변속기의 결선

그렇기 때문에 현재 드론 제작 과정에서는 변속기 Calibration 과정에서 회전 방향을 설정 후 기체에 장착하는 방법과 장착 후 일괄적으로 변속기의 회전 방향을 설정하는 두 가지 방법을 사용하고 있다. 변경 시에는 납땜 및 수축 튜브 작업을 다시 해야 하는 번거로움이 생기므로 변속기 자체에서 회전 방향 변경이 가능한 제품을 구매해 사용하는 경우도 있다.

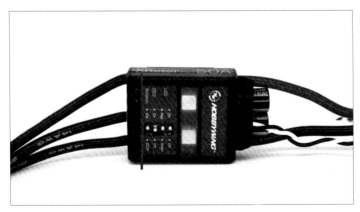

▲ 회전 방향 제어가 가능한 변속기 기종

물론 변속기 자체에서 회전 방향 설정이 가능한 제품을 구매하면 납땜 및 결선과 관련된 수축 튜브 작업을 2중으로 하지 않아도 되는 편리함이 있다.

FC 선택 및 결선

등각을 이루는 가변 붐을 이용한 나만의 멀티콥터형 드론을 제작하고 제어하기 위해서는 사용되는 FC에서 최대 8개의 모터를 제어할 수 있어야 설계 목적에 부합된 FC라 할 수가 있다. 그렇기 때문에 8개의 모터를 제어할 수 있고 설정 방법이 편리하며 제작 이후 안정적인 비행 성능을 보장할 수 있는 FC는 당연히 가격이 올라가기 마련이다. 그래서 FC는 초보 제작자의 안전과 쉽게 접근할 수 있는 부품 가격을 고려하여 비록 국산은 아니지만 나름대로 안정성과 편리성에 대해 검증된 제품인 DJI의 NAZA-M V2 제품을 기준으로 하여 설명하고자 한다.

▲ DJI 사의 NAZA-M V2

DJI 사의 NAZA-M V2, FC set를 구매하면 인공위성의 GPS 데이터를 수신하는 GPS 안테나와 기체의 상태를 표시하고 외부 PC와 연결할 수 있는 LED, 전원 공급을 위한 PMU 그리고 메인 컨트롤러인 FC와 기타 부자재가 있다.

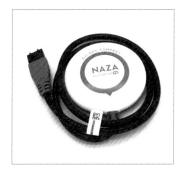  

▲ GPS 안테나   ▲ LED   ▲ PMU

▲ FC(IMU)

▲ ch254 커넥터 케이블

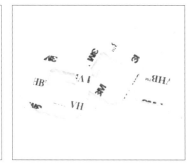

▲ 양면테이프

FC와 수신기를 결선하는 방법은 두 가지로 수신기의 1,2,3,4 채널과 FC의 A,E,T,R 채널을 1대 1로 결선하는 방법과, S-Bus 채널을 통해 하나의 케이블로 연결하는 방법이 주로 쓰인다.

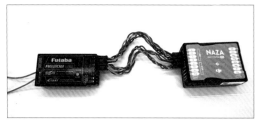

▲ 4선 결선

▲ S-Bus를 통한 1선 결선

두 가지 결선 방법 중 어떤 방법을 사용해도 비행성 혹은 세팅의 난이도에 대한 차이는 없지만, S-Bus를 지원하는 조종기가 다소 고가이기 때문에 상기 모델에서는 저렴한 조종기와 고가의 조종기를 범용적으로 사용할 수 있도록 두 가지 결선 방법을 모두 제작한 것이다. 그러나 8채널 이상의 조종기와 수신기의 경우 간혹 1~8 채널은 S-Bus 채널로 관리하고 나머지 9 채널 이후의 채널은 수신기의 1~8 채널 단자를 사용하는 경우가 있다.

양쌤's talk

최근에는 FC의 구성품 중 IMU 혹은 MCU에 수신기 기능을 추가하여 조종기 제조사에서 제공하는 수신기를 사용하지 않고, 직접 FC와 조종기를 연결하여 사용하는 제품도 있습니다.

▲ 후타바 사의 T14SG 조종기와 R7008SB 수신기

후타바 사의 T14SG 조종기 모델은 14 채널을 사용할 수 있는 모델이지만 수신기에 결선할 수 있는 단자는 8개밖에 없다. 이런 경우 S-BUS를 통해 1~8 채널을 통신하고 수신기 단자의 1번 채널 단자를 9번 채널 단자로 변경하여 사용하게 된다. 이런 경우에는 S-Bus 채널의 존재가 절실한 경우가 된다.

- 1 채널 → 9 채널
- 2 채널 → 10 채널
- 3 채널 → 11 채널
- 4 채널 → 12 채널
- 5 채널 → 13 채널
- 6 채널 → 14 채널

나머지 GPS와 PMU 및 LED는 제조사에서 제공하는 결선도를 참고해 결선하면 된다. 참고로 보급형 모델인 NAZA V2에서는 FC(IMU)의 방향과 위치를 변경할 수 없다. 따라서 FC(IMU) 중앙에 표시된 삼각형 모양이 반드시 기체의 전면을 향하게 장착하고, 위치도 기체 중심에 장착되어야만 한다.

GPS 또한 장착해야 하는 방향이 표시되어 있다. 따라서 GPS 안테나에 표시된 방향이 기체의 전면을 향하게 장착해야만 한다. 그러나 GPS의 경우 위치에 대한 설정은 향후 설정이 가능하므로 장착하기 편리한 곳에 부착하여도 무방하다.

FC 설정

NAZA-M V2를 세팅하기 위한 Assistant Program의 초기 화면으로 해당 프로그램은 DJI 사 홈페이지에서 다운로드 받으면 된다.

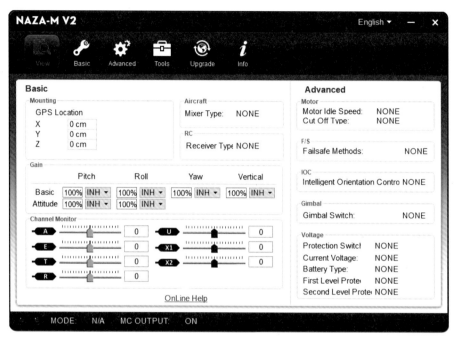

▲ NAZA-M V2 assistant Program 메인 화면

메인 화면은 전체적인 설정 상태를 보여준다. 지금부터 세부 설정 화면을 통해 기능과 설정 가능한 내용, 그리고 설정 범위를 알아보자.

설명 순서는 상단 메뉴인 Basic, Advanced, Tools, Upgrade, Info 순 및 각 세부 메뉴별 세팅 순으로 한다.

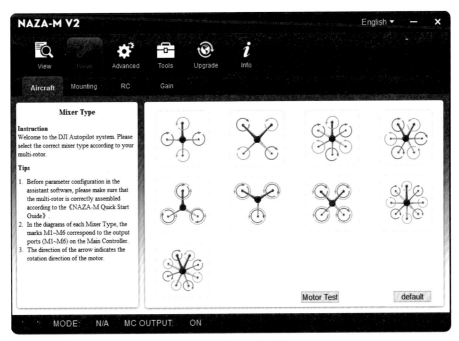

▲ NAZA-M V2 assistant Program 중 모터 장착 수량 선택

Basic 창의 첫 번째 설정은 Aircraft이다. 제작하고자 하는 기체의 프레임을 설정할 수 있으며, NAZA-M V2에서는 쿼드, 헥사, 옥토, Y6, X8 방식의 기체 및 쿼드와 헥사, 그리고 Y6, 옥토에서는 기체 모양에 따른 디테일한 전면 설정까지 가능하다. 그렇기 때문에 나만의 멀티콥터형 드론을 가변형으로 제작하는 경우 대부분의 모터와 프로펠러를 포함한 붐의 수의 변경에 모두 대응할 수 있는 것이다.

하단에 'Motor Test'를 통해 장착된 모터를 저속으로 회전시켜 장착된 모터의 회전 방향 및 작동 유무를 쉽게 확인할 수 있으며, 회전하는 화살표는 장착되는 모터의 회전 방향을 의미한다. 2중으로 표시된 경우에는 푸른색이 상단, 주황색이 하단에 장착된 모터의 회전 방향을 표시한다. 단, 드론 제작 시 모든 세팅 중에는 안전을 위해 반드시 프로펠러를 제거하고 세팅하여야 한다.

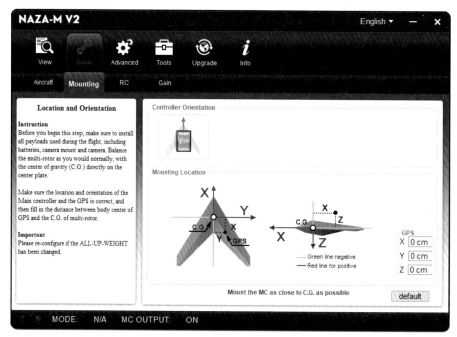

▲ NAZA-M V2 assistant Program 중 GPS 안테나 위치 입력

Basic의 두 번째 페이지인 'Mounting'은 GPS의 위치를 설정하는 페이지이다. 고급형 모델에서는 FC(IMU)의 위치까지 설정할 수 있으나, 대부분 FC(IMU)는 기체의 중심에 장착하기 때문에 위치를 설정할 수 없다고 해서 크게 불편하지는 않을 것이다. 그러나 앞쪽에 잠깐 소개된 필자가 개발한 농업용 무인기의 경우 약재 통이 기체 가운데 위치하므로 FC(IMU)를 프레임 중간에 장착하기가 어렵다. 이런 경우에는 반드시 FC(IMU)의 위치를 변경하여 설정 가능한 제품을 구매하여야 한다. GPS 안테나의 위치를 cm 단위로 입력하면 되고, 입력 후 키보드의 Enter 를 누르면 빨간색에서 검은색으로 변하며 저장된다. X, Y, Z 방향 중 빨간색으로 표시된 부분이 (+) 방향이다. 그러므로 대부분 기체 위로 GPS 안테나를 장착하는 Z축은 −7cm 와 같이 필히 (−)로 설정하여야만 한다.

양쌤's talk

빨간색 방향이 (+)이며, 반대 방향은 (−)입니다. (+) 방향일 경우에는 (+)를 입력하지 않아도 됩니다.

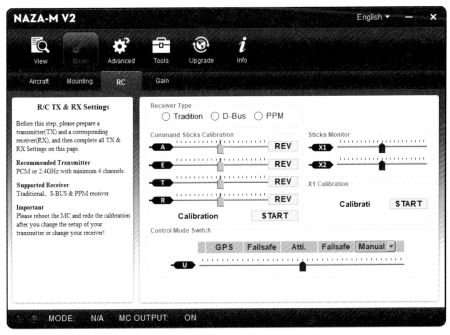

▲ NAZA-M V2 assistant Program 중 조종기 및 비행 모드 설정

Basic의 세 번째 페이지는 'RC' 설정 페이지이다. 상단의 'Receiver Type'은 결선되는 수신기의 결선 방법을 설정하는 페이지이다.

▲ Tradition 결선

'Tradition'은 각각의 채널을 4개의 ch254 커넥터를 사용하여 결선하였을 때 선택하며, D-Bus는 S-Bus를 이용해 한 개의 ch254 커넥터를 사용했을 때 선택하면 된다. PPM은 다른 통신 방식을 사용하는 경우로 잘 사용하지 않기 때문에 설명은 제외한다.

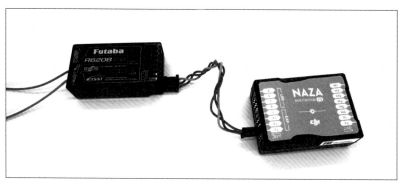

▲ D-Bus, S-Bus 결선

창 중간 좌측에 있는 'Command Sticks Calibration'은 수신기와 연결된 조종기 스틱의 움직임 모니터 및 리버스 설정과 Sticks Calibration을 위한 창이다. 먼저 조종기의 스틱을 움직여 해당 채널이 제대로 작동하는 지를 확인한다. 이때 좌우로 움직이는 러더와 에어일론은 조종기의 스틱과 같은 방향으로 움직여야 하고, 상하로 움직이는 엘리베이터와 스로틀 스틱은 화면상에서 위쪽이 오른쪽, 아래쪽이 좌측으로 움직이면 된다. 만약 기술하는 방향과 다르게 화면이 동작하고 있다면 해당 채널의 'REV'(리버스)를 클릭하여 동작 방향을 일치시키면 된다.

조종기의 조이스틱의 Calibration은 'Start'를 클릭한 뒤 조종기의 조이스틱을 상하좌우 방향을 끝까지 움직인 뒤 'Stop'을 클릭하면 끝난다.

설정 화면 중 하단에 있는 'Control Mode Switch'는 매뉴얼 비행, 자세 제어 비행, GPS를 이용한 위치 제어 비행 모드를 변경 및 설정하는 창으로 세부 설정 방법은 이후 조종기 설정에서 다시 설명하겠다. 중간 우측에 있는 'Sticks Monitor'는 이후 조종기 설정의 수신기 채널과 제어 스위치 할당 방법을 설명하는 'FUNCTION'과 'END POINT' 설명을 참고하여 설정하면 되며, 설정 후에는 할당된 토클 스위치를 이용해 비행 중에도 쉽게 비행 모드를 변경할 수 있다.

 양쌤's talk

 Function & End point 설정 동영상을 확인해 볼 수 있습니다.

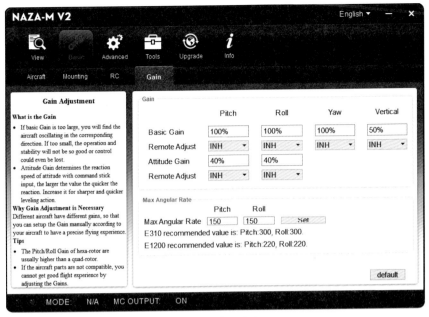

▲ NAZA-M V2 assistant Program 중 비행 감도 설정

Basic 창의 마지막 설정 페이지인 Gain은 기체가 스스로 자세 제어를 제어하는 제어 값과 조종 시 조종자가 조종하는 조종기 스틱의 제어 속도에 반응하는 기체의 감도 를 설정하는 페이지이다. 먼저 'Pitch'는 기체의 전후 방향을 기준으로 반응하는 기체 기울임에 대한 감도이며, 'Roll'은 기체의 좌우 방향을 기준으로 반응하는 기체 기울 임에 대한 감도이다. 'Yaw'는 기체가 멈춘 상태에서 시계방향과 시계 반대방향으로 회전할 때 감도를 설정할 수 있으며 마지막으로 'Vertical' 상승과 하강에 대한 감도를 설정한다. Basic Gain은 조종자가 조종기를 이용해 조종 시 스틱의 움직임에 대한 반응 속도를 나타내며 Attitude는 조종자의 조종 신호가 아닌 바람과 같은 기상 상황 에서 기체 스스로 자세를 제어할 때 설정되는 설정값을 입력하는 창이다.

통상적으로는 Attitude의 설정값을 Basic Gain에 비해 높게 설정하는 경우가 많다. 하지만 같거나 반대로 높게 설정했다고 해서 비행에 문제가 되지는 않는다. 다만 조 종자의 조종 능력과 기체의 성능에 알맞게 설정되면 된다.

또한 비행을 위한 실제 비행 감도를 설정하기 위해서는 비행과 감도 설정 변경을 계 속 번갈아 가며 설정해야 하는 불편함이 있다. 그러나 NAZA-M V2에서는 'Remote Adjust' 기능을 지원하고 있으며 'Remote Adjust' 기능을 이용하면 비행 중에 각종 감 도 설정을 변경할 수 있어 단 2회의 비행으로 모든 비행 감도 세팅을 마무리할 수 있다.

▲ NAZA-M V2 assistant Program 중 시동 방식 선택 및 공회전 속도 제어

Advanced 창에서는 부가적인 기능을 설정하는 페이지이다. 첫 번째 페이지인 Motor 페이지에서는 시동 후 모터가 회전하는 기본 속도를 설정하고 시동하는 방식을 설정한다. 먼저 상단의 Motor Idle Speed는 시동 후 이륙 전 회전하는 모터의 기본 속도를 설정하는 페이지로 통상적으로 가운데 설정하면 되지만, 혹 시동 후 모터의 회전 속도가 부담스러울 정도로 빠르거나 느릴 경우 적당한 포인트로 설정값을 변경해 주면 된다.

'Cut Off Type'는 시동을 걸고 끄는 방식을 설정하는 창으로 'intelligent'로 설정하면 펜텀, 인스파이어, 메빅과 같은 기종처럼 조종기의 스틱을 하단으로 향한 뒤 대칭되는 모양으로 움직이면 시동이 걸리고 꺼진다. 단, 세팅 중에는 시동이 걸리지 않는다.

 양쌤's talk

 'Remote Adjust'의 설정 방법, 비행 중 Gain 설정 방법 동영상을 확인해 볼 수 있습니다.

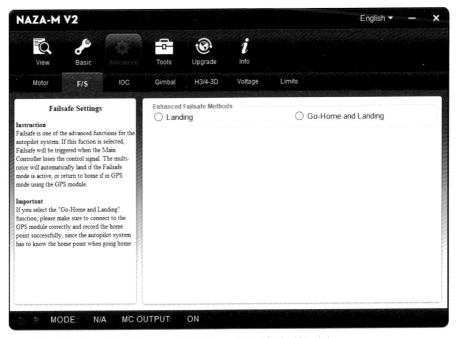

▲ NAZA-M V2 assistant Program 중 비상 시 기체 반응에 대한 설정

Advanced의 두 번째 페이지인 'F/S'는 기체와 조종기 간의 통신이 끊어졌을 경우 기체의 행동을 지정해주는 페이지이다. 'Landing'으로 설정하면 기체는 자동으로 그 자리에 착륙하여 시동까지 끄게 되며 'Go-Home and Landing'을 설정하면 기체는 비행을 처음 시작했던 지점으로 돌아와 착륙하고 시동을 끄게 된다. 이때 기체는 설정된 20m 고도를 유지하고 돌아오게 되는데 20m보다 높은 위치에 있을 경우 하강하여 20m 고도를 유지하며, 낮은 고도에 있을 경우 상승하여 20m 고도를 유지하고 비행하게 된다.

두 가지 경우 모두 지상과 주변의 장애물을 파악하며 이동하거나 착륙하지는 않는다. 따라서 최대한 통신 및 비행에 장애가 될만한 장애물이 없는 곳에서 안전하게 비행해야 한다.

양쌤's talk

고도의 기준은 비행 전 기체에 전원을 인가한 지점의 고도를 0으로 하고 있습니다.

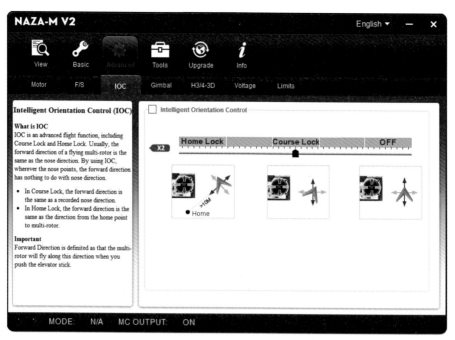

▲ NAZA-M V2 assistant Program 중 GPS를 이용한 부가적인 비행 기능 부여 설정

Advanced의 세 번째 페이지인 'IOC'는 부가적인 비행 모드를 설정하는 창이다. 'Home Lock'은 기체의 방향과는 상관없이 조종자의 시선에서 바라보는 기체의 방향이 기체의 후면이 되도록 설정하는 헤드리스 기능이다. 이 기능을 잘 활용하면 조종자와 기체의 거리가 멀어 육안으로 기체의 전후 방향을 구분하기 어려울 때 매우 유용하다. 단 조종자와 기체의 거리가 약 15m 이상 떨어져 있어야 활성이 된다.

'Course Lock' 기능은 비행 중인 기체의 방향을 고정하여 비행하는 방법으로, 최근에는 1인칭 시점 비행으로 인해 잘 사용하지 않는 기능이다. 물론 헤드리스 기능 또한 1인칭 시점 비행을 하게 되면 의미가 없는 기능이 될 수도 있다. 단, 2인 1조로 비행하는 경우 기체를 조종하는 사람에게는 유용한 기능이 될 수 있다.

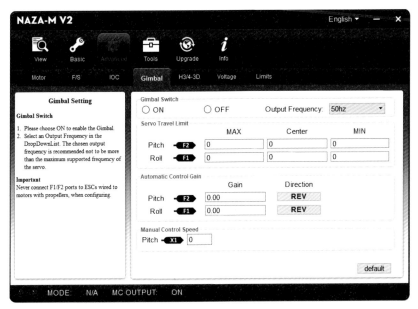

▲ NAZA-M V2 assistant Program 중 짐벌 제어

Advanced 창의 네 번째 페이지인 'Gimbal'은 FC 자체의 시그널을 이용하여 짐벌을 제어하는 기능이지만, 단순한 수평 제어 외에 부가적인 제어는 불가능하다.

예를 들어, 항공 촬영 시 1차적으로 수평을 유지하고 있는 상태에서 2차적으로 카메라를 기울여야 하는데 본 페이지에서는 2차적인 제어를 지원하고 있지 않다. 또한 대부분 자체 센서를 이용해 스스로 제어하기 때문에 본 창의 설정은 잘 쓰지 않는다.

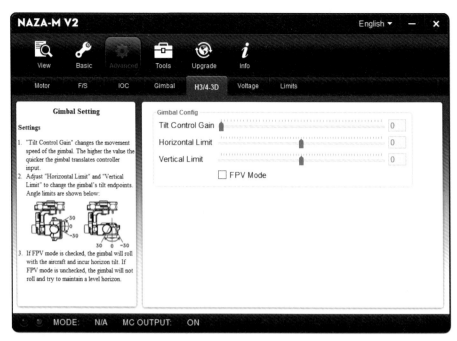

▲ NAZA-M V2 assistant Program 중 DJI 사 전용 짐벌 제어

Advanced 중 다섯 번째인 'H3/4-3D' 설정 페이지는 DJI 사에서 제조된 소형 짐벌을 사용할 경우에만 사용되는 설정 페이지이다. 현재 위 기능에서 사용되는 제품의 단종과 미사용으로 인해 본 설정 페이지도 사용하지 않는다. 혹 사용하게 된다면 해당 짐벌의 반응 감도를 설정하면 되고 비행 감도하고는 무관하다.

▲ NAZA–M V2 assistant Program 중 배터리 전압 체크

Advanced 중 여섯 번째인 'Voltage' 페이지는 배터리 소진 시 기체에 장착된 LED를 통해 조종자에게 경고하는 기능을 설정하는 페이지이다. 맨 위 창에서는 기능의 활성 여부를 설정하고 두 번째 창에서는 배터리의 타입과 기본 sel 수를 입력하는 창이다. 이후 창에서는 배터리의 전압(V)이 낮아졌을 때 첫 번째로 신호를 보내는 레벨과 두 번째로 저전압 경고를 할 수 있는 설정이 가능하다.

양쌤's talk

고급 모델에서는 저전압 경고 시 자동 착륙 혹은 Go Home과 같은 기체의 행동을 지정할 수 있습니다.

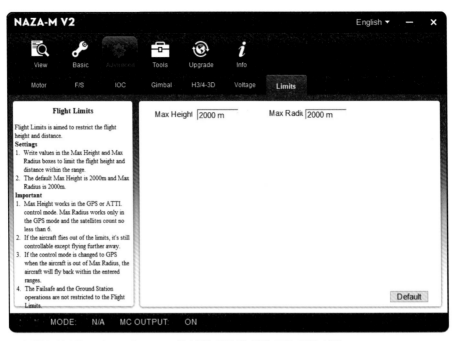

Flight Limits

Flight Limits is aimed to restrict the flight height and distance.
Settings
1. Write values in the Max Height and Max Radius boxes to limit the flight height and distance within the range.
2. The default Max Height is 2000m and Max Radius is 2000m.
Important
1. Max Height works in the GPS or ATTI. control mode. Max Radius works only in the GPS mode and the satellites count no less than 6.
2. If the aircraft flies out of the limits, it's still controllable except flying further away.
3. If the control mode is changed to GPS when the aircraft is out of Max Radius, the aircraft will fly back within the entered ranges.
4. The Failsafe and the Ground Station operations are not restricted to the Flight Limits.

▲ NAZA-M V2 assistant Program 중 비행 거리 및 비행 고도 제안 설정

Advanced 설정 중 맨 마지막 페이지인 'Limits'에서는 조종기와 기체의 거리를 제한할 수 있는 기능이다. 여기에서 고도를 2000m로 설정하였다고 해서 모든 기체가 2000m 고도를 비행할 수 있는 것은 아니다. 그것은 기체의 성능과 조종기의 출력에 따라 다르기 때문에 착각은 금물이다. 또한 최근 많은 유저들의 드론 비행으로 인해 안전에 관한 규정이 수시로 강화되고 추가 적용되고 있으니 비행 전 반드시 자신이 비행하고자 하는 지역이 금지 구역인지 혹은 항공 촬영 금지 구역인지 확인하고 비행해야 한다.

거리 설정 시 기체는 설정된 거리에 도달할 경우 더 이상 상승 혹은 전진하지 않는다. 단, 설정 범위 내로 하강 혹은 후진은 가능하다.

▲ NAZA-M V2 assistant Program 중 부가적인 모니터

나머지 창은 설정이 아닌 각종 정보를 모니터하는 것으로 설명은 생략한다.

마지막으로 모든 제작이 완료된 기체는 비행 전 반드시 지자기 센서 세팅을 해주어야 한다. 지자기 세팅 방법은 제조사 및 제품별로 차이가 있기 때문에 반드시 구매한 제품의 설명서를 참고하여 세팅해야 한다. 만약 지자기 센서 세팅 과정을 생략하게 되면 기체는 이륙 후 곧바로 뒤집어지게 된다.

양쌤's talk

각 학교에 비치된 3D 프린터, 레이저 조각기 등의 공작 기계를 이용해 위 기술을 구현하고 학생들과 학습하는 것은 아무런 문제가 없지만, 제품화 및 상업화는 필자의 동의가 있어야만 가능합니다.

▲ 완성된 기체

지금까지 중, 소형 기체에 대한 제작 기술은 모두 설명하였다. 조종기의 설정과 조종 방법 그리고 비행 중 비행 감도 세팅은 산업용 대형 드론과도 중복되는 부분이므로 산업용 대형 드론 제작 관련 부분에서 함께 설명하겠다.

위와 같이 제작된 등각을 이루는 가변 프레임을 이용한 나만의 멀티콥터형 드론은 동일한 배터리 사용 시 장착된 모터 수량에 따른 이륙 중량의 변화와 비행시간이 각 각 다르다. 이런 차이를 통해 학생들과 모터 수량에 따른 전기 소모량, 출력의 변화, 비행시간 계산 등 다양한 교육 활동이 가능하며, 꼭 등각을 이루지 않더라도 FC의 비 행 감도를 조정하여 안전한 비행이 가능하므로 다양한 멀티콥터형 드론의 프레임 제 작 및 세팅 교육이 가능하다.

또한 여기에서 제공된 기술의 구현이 금형 제작을 통한 제품 형태가 아니더라도 3D 프린터를 이용해 위 기술을 적용한 프레임을 설계해 본다면 보다 창의적인 프레임의 완성과 이로 인한 새로운 업무 수행이 가능한 멀티콥터형 드론이 제작될 것이다.

05 산업용 대형 드론 제작

1 산업용 드론

RC(Radio Control) 즉, 무선 조종을 의미하는 RC 산업의 과거 모습은 많은 비용과 시간을 들여야 하는 고급 취미 활동에 불과했던 것이 사실이다. 그렇기 때문에 경제적, 시간적 여유가 있어야만 할 수 있었다. 일반 대중은 그저 TV나 영화 속에 나오는 비행기나 헬리콥터와 같은 RC 관련 제품을 보며 마음속으로만 동경해왔고 필자의 유년 시절 또한 그러했다.

▲ 10여 년 전 필자가 즐기던 RC 헬리콥터에 자작한 촬영 장비를 장착 후 비행하는 모습

최근 10여 년 사이 다수의 프로펠러를 장착한 멀티콥터의 등장과 이를 제어하는 전자 제어 부품과 모터 그리고 배터리와 같은 관련 부품들이 높은 성능을 유지하면서도 저렴한 가격으로 보급되면서 RC 산업은 크게 변화하였다.

특히 멀티콥터의 안정적인 비행성과 카메라를 제어하는 짐벌(Gimbal)의 만남은 세계적으로도 인정받고 있는 대한민국의 영상 콘텐츠 산업과 어우러지게 되면서, 그동안 소비적 취미 활동이었던 RC 산업을 수익성 경제 활동이 가능한 RC 산업으로 그 판도를 바꿔놓는 계기가 되었다.

▲ 농약 드론의 농약 분사 모습

이후 멀티콥터를 이용해 농약을 뿌리고, 화재 현장에서 열화상 카메라와 같은 특수 장비를 이용한 현장 관제 장비로 멀티콥터의 응용 범위가 확대되었다. 그로 인해 초경량 비행 장치 조종자, 헬리캠 촬영감독과 같은 신종 직업이 생겨나게 되었고, 무인기 전투 부대라는 새로운 군 조직이 조직될 정도로 이제는 멀티콥터를 이용한 드론 산업이 선택이 아닌 필수에 가까워져 발전을 거듭하고 있는 상태이다.

지금부터 기술할 산업용 드론의 의미는 기체의 크기를 기준한 의미가 아니라 멀티콥터 제작 기술을 기반으로 제작된 것을 산업용 드론이라고 명칭하며 드론에 부가적인 장비를 추가 장착하여 특수 목적으로 제작된 드론에 업무 수행 능력과 관련된 새로운 명칭을 부여하고 이를 실제 산업 현장에 적용하여 즉각적으로 고용과 매출을 발생시킬 수 있게 개발된 제품을 산업용이라 하겠다. 그렇기 때문에 소개될 예제의 산업용 드론은 실제 상용화를 목표로 제작되고 있는 소방 드론을 설명하고 있으며, 실제 개발 과정에서 필자가 고민하고 풀어내는 과정을 함께 공유하고자 한다.

▲ 개발 중인 산업용 소방 드론의 구현 가능 여부를 1차 테스트 중

현재 소방 드론이라 불리는 제품들은 대부분 헬리캠을 이용하여 화재 현장의 부감샷으로 현장을 모니터하는 수준에 그치고 있다. 그러나 최근 뉴스를 보면 고층 화재를 커버할 수 있는 소방차는 일부 대도시에만 배치되어 있고 가격 또한 매우 고가라고 한다. 혹 고층 화재용 소방차가 배치된 지역이라도 아파트 단지 입구에 설치된 구조물로 인해 진입이 어렵거나 좁은 골목길과 불법 주차로 인해 소방차의 진입이 어렵다고 한다.

그렇기 때문에 필자는 '직접 물 호스를 매달고 비행하여 직접 불을 끄는 소방 드론을 만들면 어떨까?'하는 생각을 하게 되었다. 이후 제주대학교 스마트그리드 연구 센터의 시제품 제작 지원을 받아 실제 화재 현장에서 화재 진압이 가능한 소방 드론을 제작할 수 있게 되었다.

② 모터와 프로펠러 선택

산업용 소방 드론을 제작하겠다고 기획하였지만, 막상 제작하려고보니 총 이륙 중량과 추가 적재량 그리고 비행시간에 대한 고민으로 막막함을 느꼈다.

첫 번째 이유는 배터리에 대한 고민이 제일 크기 때문이다.
시중에 판매되고 있는 모터 중 멀티콥터에 적용 가능한 모델의 최대 추력은 36kg이다. 모터 1개의 추력이 36kg이라니 물론 대단한 발전이라고 생각된다. 하지만 가격이 무려 880,000원, 만약 X8 혹은 옥토로 설계하게 된다면 모터 값만 7,040,000원이 된다.

그외 변속기 프로펠러 FC까지 구매하면 기본적인 부품 값만 12,000,000원
~15,000,000원을 훌쩍 넘는 고가의 제품이 된다. 그러나 기초적인 부품 가격보다 무
서운 것은 바로 상기 8개의 모터를 장착한 드론을 날릴 수 있는 배터리의 가격이다.

▲ 온라인 쇼핑몰에서 판매 중인 대형 BLDC 모터(출처 www.artcopter.com)

▲ 배터리 가격

22,000mAh 22.2V 배터리 한 개의 가격이 무려 560,000원이다. 그렇다면 위 모터의
스펙에 대한 리포트를 보며 필요한 배터리의 수와 구매해야 하는 예상 가격을 산출
해보자.

Test Report			
Test Item	U15II KV80	Report NO.	U.000022

Specifications			
Internal Resistance	17mΩ	Configuration	36N42P
Shaft Diameter	20mm	Motor Dimensions	Φ 147.5×64 mm
Lead	Enameled Wire	Cable Length	100mm
Weight Including Cables	1640g	Weight Excluding Cables	/
No.of Cells(Lipo)	12-24S	Idle Current@10v	3.8A
Max Continuous Power 180S	7000W	Max Continuous Current 180S	115A

Load Testing Data

	Ambient Temperature		20°C			Voltage			DC Power Supplier	
Item No.	Voltage (V)	Prop	Throttle	Current (A)	Power (W)	Thrust (G)	RPM	Efficiency (G/W)	Torque (N*m)	Operating Temperature (°C)
U15II KV80	50	T-MOTOR G40x13.1CF	50%	19.9	995	8900	1843	8.94	4	
			55%	25.9	1295	10800	2023	8.34	5	
			60%	32.2	1610	12700	2180	7.89	5.9	
			65%	38.6	1930	14600	2313	7.56	6.9	65
			75%	56.2	2810	18900	2615	6.73	9.1	
			85%	76.9	3845	23100	2876	6.01	11.2	
			100%	110.4	5520	28900	3193	5.24	14	
	60	T-MOTOR G40x13.1CF	50%	24.9	1494	12200	2079	8.17	5.8	
			55%	32.2	1932	14600	2316	7.56	6.9	
			60%	39.7	2382	16800	2480	7.05	8.1	
			65%	47.9	2874	19100	2633	6.65	9.2	110
			75%	74.2	4452	25200	2994	5.66	12.1	
			85%	98.3	5898	29800	3248	5.05	14.5	
			100%	143	8580	36500	3546	4.25	18	

Notes:The test condition of temperature is motor surface temperature in 100% throttle while the motor run 1min.

▲ T-motor 사 U15 모델 리포트

리포트를 살펴보면 50V의 전압으로 모터를 구동시킬 경우와 60V로 모터를 구동시키는 두 가지의 경우로 예시가 되어 있다.

그런데 우리가 준비할 수 있는 배터리는 22,000mAh 22.2V가 최고이기 때문에 이 배터리를 기준으로 적용해 보면 22.2V 2개를 직렬로 결선할 경우 44.4V를, 3개를 직렬로 결선할 경우 66.6V까지 공급할 수 있다고 판단된다. 상단에 모터의 최대 허용 전압 또한 24sel(88.8V)이므로 허용 범위에 들게 되어 44.4V 및 66.6V 모두 사용할 수 있다는 계산이 된다. 결국 배터리 2개를 1set로 쓸 것인지, 혹은 3개를 1set로 쓸 것인지에 대한 선택을 해야 한다. 일단 현존하는 부품으로 최대의 추력을 확보해본다는 생각으로 계산을 해보겠다.

리포트 맨 하단을 보면 최대 추력이 36.5kg이다. 이는 8개의 모터 사용 시 292kg의 최대 추력을 낼 수 있다는 뜻이다. 그러나 급격한 기류의 변화에 대한 대응과 같은 여유 추력 약 30%를 공제하면 약 200kg이 된다. 다시 200kg을 8로 나누면 1개의 모터가 부담해야 할 추력은 25kg이 된다. 이를 근거로 다시 리포트를 살펴보면 맨 하단에서 위로 3번째 줄의 표기된 추력이 25.2kg으로 상기 계산과 유사하게 부합된다.

리포트 상에는 60V로 25.2kg의 추력 발생 시 소비되는 전류(A)는 74.2A가 된다고 표기하고 있다. 그렇다면 상기 모터를 이용해 총 이륙 중량 200kg, 최대 추력 292kg의 산업용 드론을 제작할 경우 소비되는 전력은 74.2A × 8인 593.6A가 되며, W로 전환하게 되면 W= V × A가 되므로 60V × 593.6A = 35616W 즉, 35.616KW가 된다. 그렇다면 35KW란 어느 정도의 전력인지 계산해 보자. 현재 일반적인 가정에 공급되는 전기는 약 5~7KW 정도이며, 소규모 공장에 공급되는 전기가 약 15~20KW 정도임을 감안해 보면 드론 한 대를 띄우는 전기의 량이 얼마나 큰지 예상할 수 있다.

이제는 배터리의 용량을 통해 몇 분간 비행을 할 수 있는지를 계산해 보자. 앞서 이야기 했듯이 배터리의 소비량을 구하는 공식은 (Ah ÷ A) × 60이다. (22 ÷ 593.6) × 60 = 2.2237이므로 22,000mAh 배터리 1개로 약 2분을 비행할 수 있다. 이는 배터리가 보관하고 있는 전기를 100% 사용한다는 전제 하의 계산이다.

하지만 우리는 60V의 전압을 만들기 위해 22.2V 배터리 3개를 직렬로 결선해서 사용해야만 한다. 따라서 상기 계산법에서 제시된 2분을 비행하기 위해서는 1set에 배터리 3개가 되므로 2분을 비행하기 위해 구매해야 하는 배터리의 비용은 560,000원 × 3 = 1,680,000원이 필요하다. 이 조건으로 20분 비행을 기획한다면 배터리의 비용은 16,800,000원, 40분 비행을 기획한다면 1회 비행에 소요되는 배터리의 가격이 무려 33,600,000원이 필요하다. 1개의 배터리 무게가 2.35kg이므로 × 60을 하면 배터리 무게만 무려 141kg이 산출된다.

결국 기체 무게를 제외하고도 추가로 최대 약 60kg을 적제하고, 40분 비행하는데 이런 모든 비용을 써야 하는 계산이 돌출되고 만다. 그렇기 때문에 모터의 선택은 단순히 무게를 들어 올리는 추력만을 계산하는 것이 아니라, 배터리와 같은 전기 공급 체계까지도 함께 고려하여 최적의 조합을 찾아 설계하는 것이 바람직하다.

이 시점에서 필자는 문득 엉뚱한 생각을 떠올렸다. '왜 배터리만으로 비행을 해야 할까?' '혹 지상에서 전력을 공급받으면 안 될까?' 물론 가능할 것이다. 그러나 지상에서 전력을 유선으로 공급받게 될 경우 비행할 수 있는 고도와 거리에는 불가피하게 제한적일 수밖에 없다. 하지만 배터리 가격에 대한 부담과 비행시간의 제한을 감안해 본다면 발전기를 이용하여 장시간 비행 가능한 드론, 혹은 드론용 배터리에 비해 저렴한 배터리를 사용하여 부담을 줄일 수 있다면 도전해 볼만하다는 계산이다.

뉴스에서 이러한 시기에 '제주도 풍력발전기의 화재 사고'와 '고층 빌딩의 화재 뉴스'를 접한 필자는 실제 물 호스를 매달고 올라가 장시간 동안 불을 끌 수 있는 진정한 소방 드론 사업을 확신하게 되었다. 또한 물 호스를 직접 매달고 올라가 화재를 진압하는 소방 드론을 제작하게 된다면 당연히 고도와 비행 거리에 제한이 따르겠지만, 고층 건물일 경우 굳이 이리저리 비행할 필요가 없기 때문에 타당성이 부여된다. 또 물 호스를 매달고 올라가기 때문에 전선 또한 매달고 올라가도 전혀 이상하지가 않다. 그리고 소방관들이 매번 60개 이상의 배터리를 충전하고 관리하는 부담이 발전기로 인해 없어지기 때문에 이 또한 실제 운영자들의 사용 편리까지 확보된 아이디어라고 생각했다.

▲ 드론이 얼마나 들 수 있을까?

다시 모터를 선택해 보자. 소방 드론을 제작하기 위해 제일 먼저 고려한 것은 물 호스와 물 호스에 담겨 있는 물의 무게이다. 제작 기준을 고도 100m로 목표 및 규정하고, 고압 물 호스를 검색한 결과 13Ø 고압 물 호스에 피스톤형 고압 펌프를 사용하게 되면 분당 100~200리터를 분사할 수 있다. 실제 구매하여 무게를 측정해 본 결과 물을 포함한 호스의 무게가 약 30kg 정도로 예상보다는 적은 무게로 측정되었다. 그러나 수직으로 100m를 올려야 하는 상황에서 아무리 피스톤형 고압 펌프라고 해도 분당 100~200리터의 물을 밀어 올리는 것은 불가능하다.

그렇기 때문에 고민해 낸 것이 분당 최대 200리터를 펌핑하는 엔진형 물 펌프를 구매한 뒤 엔진을 제거하고 BLDC 모터를 달아 무게를 줄임과 동시에 조종기로 회전수까지 무선으로 제어할 수 있게 만들어 드론에 장착하는 2차 펌프로 제작하였다.

▲ 엔진 펌프의 엔진을 BLDC 모터로 개조한 모습

이런 작업 후 계측한 펌프의 무게는 약 3kg였다. 그래도 엔진이 장착되어 있을 때의 무게인 5.8kg에 비하면 약 절반으로 줄고 무선으로 회전수를 제어할 수 있으니 개조에 성공했다는 계산과 판단이 든다.

다음은 모터와 같은 전자 부품의 무게를 대략 10kg로, 전선의 무게를 대략 35kg로 본체의 무게를 대략 10kg로 예상하고 전체 무게를 계산해 보았다.

모터 및 전자기기 10kg(예상) + 전선 무게 35kg(예상) + 본체 무게 10kg(예상) + 방화 수와 고압 물 호스 무게 30kg(측정) + 2차 펌프 3kg(측정) = 88kg이다. 화재 진압이라는 특성과 운반성을 고려해볼 때 X8 방식으로 설계하는 것이 좋겠다는 생각이 들었다. 88kg을 기준으로 다시 메이커별로 모터 스펙을 검색한 결과 T-motor 사의 P-80이라는 모델이 눈에 들어왔다.

Load Testing Data

Item No	Voltage (V)	Prop	Throttle	Current (A)	Power (W)	Thrust (G)	RPM	Efficiency (G/W)	Operating Temperature (°C)
				Ambient Temperature		17°C		Voltage	DC Power Supplier
P80 KV100	48	T-motor 28*9.2CF	50%	6	288.00	3220	2199	11.18	
			55%	7.9	379.20	3970	2439	10.47	
			60%	9.8	470.40	4620	2633	9.82	
			65%	12.1	580.80	5230	2997	9.00	49
			75%	17.2	825.60	6780	3175	8.21	
			85%	23.3	1118.40	8320	3524	7.44	
			100%	34.7	1665.60	10800	4031	6.48	
		T-motor 29*9.5CF	50%	7.1	340.8	3700	2195	10.86	
			55%	9.3	446.4	4610	2429	10.33	
			60%	11.5	552	5280	2599	9.57	
			65%	13.6	652.8	6080	2770	9.31	50
			75%	19.6	940.8	7710	3123	8.20	
			85%	27.2	1305.6	9560	3473	7.32	
			100%	39.8	1910.4	12290	3945	6.43	
		T-motor 30*10.5CF	50%	8.7	417.6	4490	2164	10.75	
			55%	11.3	542.4	5370	2376	9.90	
			60%	13.1	628.8	6180	2545	9.83	
			65%	16.7	801.6	7080	2715	8.83	52
			75%	23.2	1113.6	8960	3048	8.05	
			85%	32.6	1564.8	10050	3371	6.42	
			100%	47.6	2284.8	14060	3984	6.15	
		T-motor 32*11CF	50%	10.5	504	5270	2098	10.46	
			55%	13.7	657.6	6310	2309	9.60	
			60%	17.2	825.6	7420	2482	8.99	
			65%	20.4	979.2	8260	2638	8.44	61
			75%	28.4	1363.2	10290	2934	7.55	
			85%	38.1	1828.8	12260	3239	6.70	
			100%	58.5	2880	16200	3637	5.77	

Notes The test condition of temperature is motor surface temperature in 100% throttle while the motor run 10min

▲ T-motor 사 P-80 모델 리포트

88kg의 무게는 가정이긴 하지만 실제 구성되는 기체의 무게이기 때문에 통상적인 계산법인 30%를 높여 약 132kg으로 가정하고 P-80 모터의 스펙과 리포트를 살펴보자. 88kg을 8로 나누면 11kg으로, 1개의 모터가 부담해야 하는 추력은 약 11kg이 된다. 그러나 안전을 고려한 무게인 132kg을 8로 나누면 1개 모터가 부담해야 하는 최대 추력은 16.5kg이 된다. 이 조건을 기준으로 리포트를 살펴보면 48V에 32인치 프로펠러를 장착하면 모터 1개의 최대 추력이 16.2kg이 되고, 약 77% 범위에서 약 11kg의 추력의 힘을 낼 수 있다고 표기되어 있다.

77%에서 나오는 추력이라는 것에 다소 부담되긴 하지만, 예상 무게인 88kg은 100m까지 올라가 물 호스와 방화수 그리고 모든 전선의 무게를 모두 부담해야 한다는 조건의 계산이다. 모터 및 기자재의 무게와 전선 그리고 본체의 무게는 추정치로 계산하였기 때문에 제작 과정에서 무게를 좀 더 줄이게 된다면 보다 안정적인 드론이 제작될 수 있을 것으로 예상된다.

위 리포트에서 해당 추력 발생 시 소요되는 소비 전류는 약 30A와 최대 58A이다. 그러나 8개의 모터를 사용하게 되므로 각각 320A와 464A가 되고, 48V를 사용하기 때문에 소비 전력은 각각 15kw(48V × 320A)와 22Kw(48V × 464A)가 된다.
15kw라는 전기는 시중에서 약 350~400만 원 정도인 발전기이기 때문에 쉽게 구매할 수 있으며, 상기 예상 무게에서 조금 더 다이어트를 하게 된다면 안정적인 전력 공급도 가능하다. 비상 배터리를 일부 사용하면 순간적인 22kw의 전력 공급도 가능할 것이라 생각된다.

앞서 산출된 약 3천 3백만 원이라는 배터리 가격과 비교해 보면 350~400만 원이라는 금액은 부담이 적어진다. 따라서 필자는 유선으로 전력을 공급받는 소방 드론을 제작함에 있어 T-motor 사의 P-80이라는 모터와, 제조사에서 제공한 리포트 결과에 따라 32인치 프로펠러를 기준으로 다음 설계를 진행하고자 한다. 단, 최초 예상 무게에서 약 10% 이상의 무게를 감량해야 한다는 전제는 아직도 유효한 상태이다.

제작하는 소방 드론에 8개의 모터를 장착하고 약 88kg의 무게를 감당해야 하는 프레임을 설계한다는 것은 매우 부담스러운 일이다. 장착 무게가 88kg이기 때문에 여유를 둔다면 100kg 이상의 무게를 견디는 프레임을 제작해야 하고 하나의 붐이 견뎌야 하는 하중은 무조건 25kg 이상을 버텨야 한다. 메인 플레이트 또한 전체 무게를 감당해야 하고, 앞서 예상된 88kg의 무게를 줄여야 하는 부담 또한 있는 상황이다. 이런 상황에서 기존에 제작되어 운영되고 있는 드론의 구조를 보다가 또 하나의 가능성을 발견하게 된다.

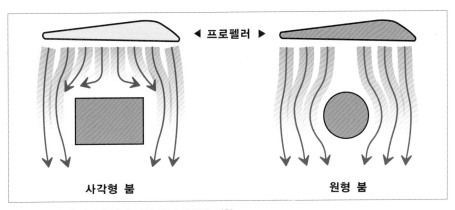

▲ 붐 구조물의 단면 형태에 따른 공기 흐름과 저항

모터에 장착된 프로펠러는 360°를 회전하면서 추력을 발생하게 되는데, 메인 플레이트와 모터를 연결하는 붐의 구조가 추력을 발생하는 공기의 흐름에 방해가 되고 있는 것이다. 이는 프로펠러가 회전하여 발생시키는 추력이 100% 비행에 사용되고 있지 못하다는 것을 뜻한다. 붐의 단면 모양에 따라 요축 제어에 문제가 발생했던 것을 경험했기 때문에 이런 모든 것을 해결하게 된다면 모터의 추력을 좀더 효율적으로 사용할 수 있다는 것을 인지하게 된 것이다.

또한 X8 형태로 설계를 진행하고 있기 때문에 상단에 장착되는 모터와 하단에 장착되는 모터의 간격도 충분히 고려해야 한다는 것을 느꼈다.

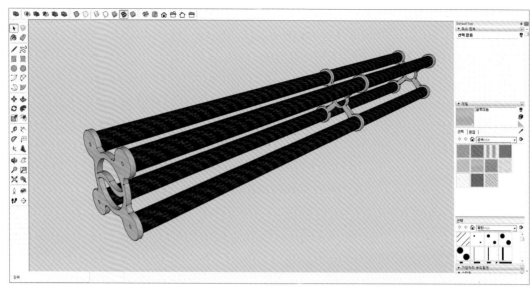

▲ 카본파이프 4개 사용하여 설계

이전 멀티콥터형 드론 제작에서 사용했던 방식인 크고 두꺼운 규격의 카본파이프 한 개를 사용하는 것이 아니라, 작고 얇은 규격의 카본파이프 4개를 사용하여 설계를 하였다. 또한 모터 스펙에 표기된 모터의 크기와 앞으로 장착해야 할 변속기의 냉각을 위한 장착 위치, 그리고 상단 모터와 하단 모터의 간격을 모두 고민하여 4개의 카본파이프의 간격을 설정하였다.

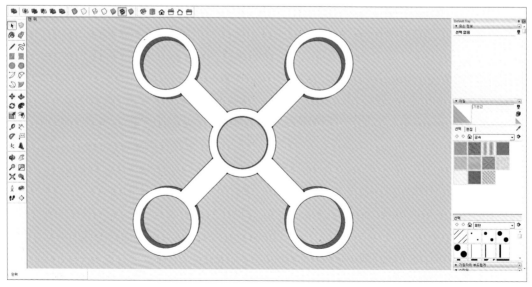

▲ 카본파이프를 고정하는 격벽 가공

카본파이프를 고정하는 격벽을 가공하여 최대한의 휨 강도를 유지하도록 설계하였고, 마감부에는 4개의 카본파이프를 고정함과 동시에 태극 문양을 가공하여 'made in KOREA'임을 또한 강조해 보았다. 저렴한 가격으로 인해 국산이 아닌 수입산 제품이 넘쳐나고 있는 시기에 'made in KOREA'라는 표시는 나름 상당히 의미가 있는 표현이라고 생각된다. 필자는 항상 대문자로 KOREA를 표기한다. 문법적 의미보다는 소문자로 표기할 경우 개인적으로 왠지 외소해지는 느낌이 들기 때문이다. 그래서 특히 일본 출장을 갈 때는 입국심사 카드에 더 크고 진하게 꼭 대문자로 'KOREA'를 쓴다.

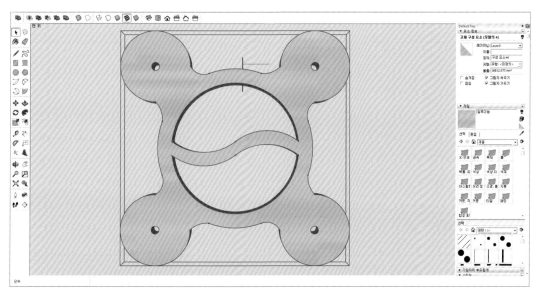

▲ 태극 문양으로 제작된 붐 마감재

▲ 완성된 붐과 붐 고정을 위한 격벽

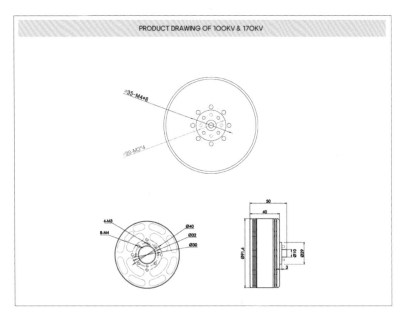

▲ T-motor 사에서 제공하는 P-80 모터 도면

위 도면을 기초로 모터와 결합하여 고정하는 볼트의 규격을 확인하여 도면을 그렸다.

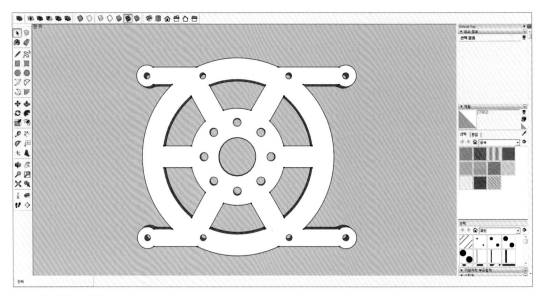

▲ 모터 마운트 도면

모터 마운트의 경우 모터를 고정하는 것도 중요하지만 카본파이프와의 결합 방법과 부품 가공 후 조립 과정까지 고려하여야 한다. 그렇기 때문에 모터를 고정하는 볼트가 카본파이프와 겹치지 않는 범위에서 최대한 카본파이프의 간격을 설정하였고, 모터의 방열을 돕기 위해 카본보다는 알루미늄 재질을 선택하였다.

▲ CNC로 가공한 모터 마운트를 장착한 이미지

5 메인 플레이트 설계 가공

예전에 설계했던 메인 플레이트는 붐의 상단과 하단을 이어주고 무게를 지탱해주는 구조로 2.5T 두께의 카본판을 2장 사용하였다. 그러나 이번 소방 드론은 100kg 이상의 하중을 견뎌야 하기 때문에 고민을 거듭하다가 3T 두께의 카본판 2장으로 상판과 중판을 설계하였다. 그리고 알루미늄 5T를 이용한 하판을 추가 설계하여 기존 설계에 비해 1장이 추가된 총 3장의 플레이트로 설계하였다. 또한 가볍고 견고하게 하기 위해 아령 모양의 부싱을 설계하여 플레이트가 휘거나 틀어지는 현상을 최대한 막을 수 있게 제작하였다.

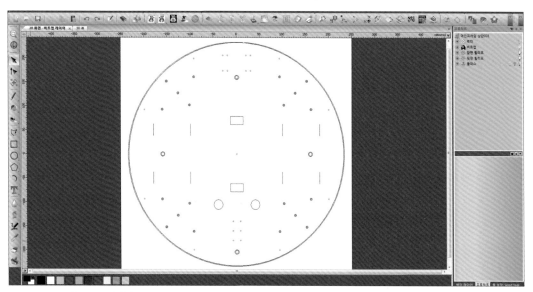

▲ CNC 가공을 위해 설계된 상판 도면

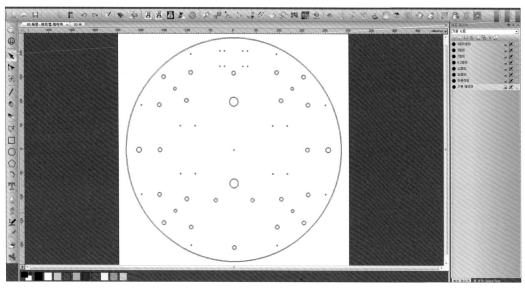

▲ CNC 가공을 위해 설계된 중판 도면

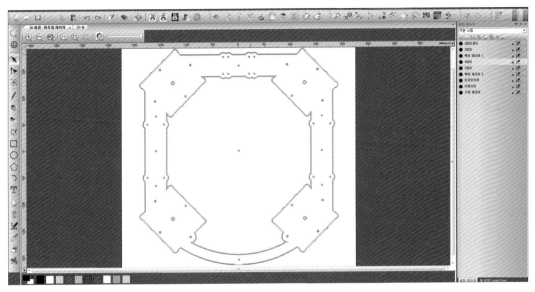

▲ CNC 가공을 위해 설계된 하판 도면

볼트를 고정하는 부분에는 접합 면적을 넓히기 위해 일반 와셔를 쓰지 않고, 전용 와셔를 별도로 제작하여 내구성을 확보하는 설계를 하였다. 기체 조립 시 원활한 공구의 사용을 위해 상단 플레이트에 육각 렌치가 들어갈 수 있게 천공하여 기체의 조립 과정과 향후 A/S를 대비한 설계까지 추가하였다. 마지막으로 붐을 고정하는 공정에서는 메인 플레이트와 붐이 수평을 이루도록 잘 체크하면서 고정 작업을 진행하면 된다.

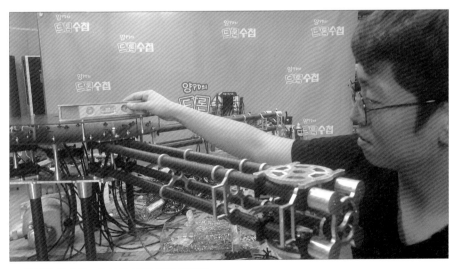

▲ 완성된 플레이트에 붐을 장착 중인 작업자

6 전자, 전기 부품 장착

변속기 장착

전자 부품 중 가장 신경 쓰이는 것은 당연 변속기이다. P80 모터의 경우 10분 비행 시 약 $60°$의 발열이 생긴다고 나오지만, 대부분의 변속기는 $80°$ 이상의 고온이 된다. 그렇기 때문에 방열을 해주지 않으면 변속기 PCB에 납땜이 녹아 고장으로 추락하는 경우가 발생할 수 있다.

대형 부품을 사용하는 소방 드론의 경우 많은 전류를 사용하기 때문에 신호선에 혹시 모를 전기적 간섭을 우려한 설계 또한 고려하지 않을 수 없었다.

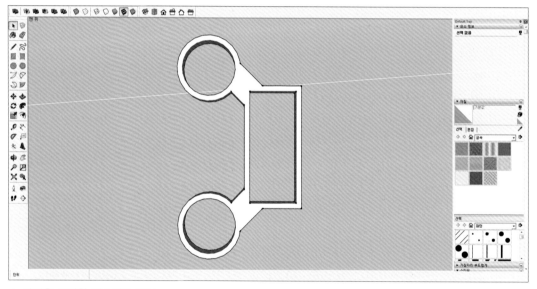

▲ 방열을 고려한 변속기의 위치

이를 바탕으로 최종 결론은 방열을 우선적으로 고려해 변속기의 위치를 모터 쪽으로 장착하기로 결정하였다. 추가적으로 모터 하단이 아닌 측면에 장착하되 하향풍의 흐름을 방해하지 않으면서도 하향풍의 흐름으로 자연스럽게 방열이 될 수 있는 거리를 계산해 장착 가능하도록 설계하였다.

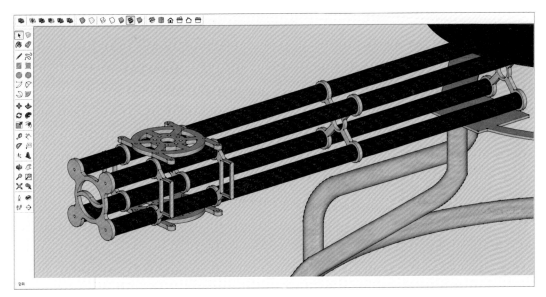

▲ 각종 부품의 장착이 고려된 붐 설계 도면

▲ 도면을 완성하여 변속기 장착

FC 장착

FC를 선택하는 기준에서 필자는 DJI 사의 A3를 선택하였다. 안정된 성능의 국산 FC가 있다면 좋겠지만, 지금까지 사용해본 FC 중 가장 안정적이라 판단된 FC는 당연 DJI 사의 제품일 것이다. 최대한 빠른 시일 내 만족할 만한 국산 FC가 개발되기를 바란다.

A3 또한 두 가지 모델이 있지만, 고급형의 경우 자율 비행에 대해 강화된 모델이어서 본 소방 드론에는 기본형을 선택하였다. 두 가지 모델 모두 자세 유지 성능은 같기 때문이다.

FC는 주변 전자기기 및 배터리에 미세하지만 영향을 받는다. 최신 모델은 영향을 덜 받는다고는 하지만, 기체 가격만 15,000,000원을 훌쩍 넘는 상황에서 예민해지지 않을 수 없다. 메인 플레이트를 3단으로 설계한 이유도 메인 전원 공급 및 기타 부가 장치의 결선부와 확실하게 분리하고 싶었기 때문이다. 이렇게 설계된 3단 구조로 인해 설계된 플레이트에 장착된 FC는 만족할 만큼 깔끔하게 장착되었다.

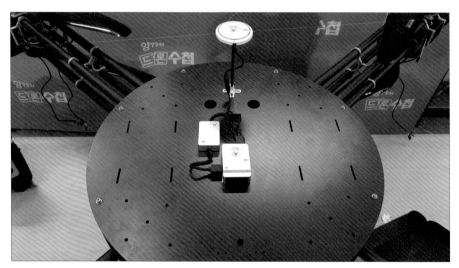

▲ 메인 플레이트 상판에 장착된 A3 FC

마지막으로 소방 드론의 특성 상 우천 시에도 비행이 가능해야 하므로 캐노피를 장착하여 주요 전자기기의 낙수에 대한 방수 또한 대비하였다.

분당 100~200리터를 펌핑하는 1인치 YAMAHA 엔진 펌프에서 엔진을 떼어내고 모터로 교체된 2차 펌프는 중단 플레이트에 장착 가능할 수 있게 미리 천공을 하였다. 펌프의 무게와 비행 중 흔들릴 것을 감안하여 고정부에는 넓은 대형 와셔를 CNC로 가공해 고정하였다.

참고로 1hp(마력)= 746W이다. 2차 펌프에 사용된 모터는 1.8kw 모터이기 때문에 약 2.4hp으로 기존 엔진과 출력은 비슷하다.

화재 현장에서 사용되는 방화수는 물만 뿌리는 것으로 보이지만, 사실 물속에는 포소화제라는 물질이 포함되어 있다. 이로 인해 거품이 발생하여 발화 지점의 잔 불씨까지 끌 수 있는 것이다.

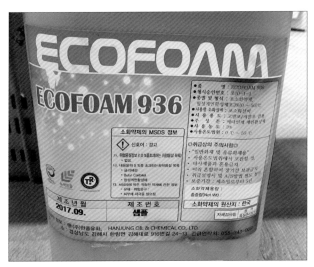

▲ 실제 소방 방재에 사용되는 포소화제

물속에 포함된 포소화제가 역할을 제대로 하기 위해서는 방수 직전 공기가 유입되어야만 한다. 일반적인 소방 호스의 노즐은 40∅ 이상이므로 공기 흡입구는 쉽게 설계가 가능하지만, 현재 설계하고 있는 노즐은 물의 양과 분사 압력을 고려해 볼 때 8~10∅ 정도이다. 또한 공기 흡입구의 장착으로 인한 압력 변화로 오히려 수압이 낮아지고 공기 흡입구로 역류할 가능성이 생기기 때문에 고민하지 않을 수 없었다. 결론은 모세혈관의 원리를 이용하였다.

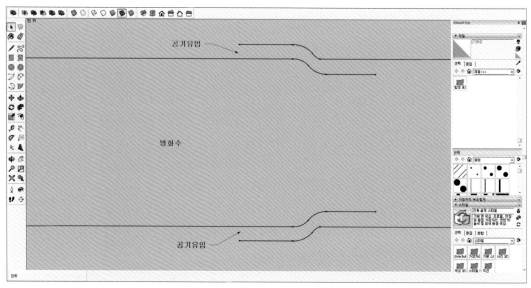

▲ 모세혈관의 원리와 역류 방지로 설계된 노즐

8 비행 전 사전 세팅

조종기 기능과 설정 방법

최근 저렴한 보급형 조종기와 고가의 고급형 조종기가 다양하게 제조되어 판매되고
있다. 여기서는 모든 조종기를 설명하기 어려우므로 필자가 주로 사용하는 조종기의
모델을 기준으로 설명하겠다.

여기 나오는 조종기는 중·고가의 제품이긴 하지만, 몇 가지 명칭을 제조사별로 다
르게 표현하는 것 외에는 대부분 비슷한 기능과 세팅을 할 수 있다. 입문자가 접하기
에 다소 부담스러운 가격의 모델이지만, 늘 초보자 수준에 멈춰 있는 것이 아니므로
가급적 조종기만큼은 처음부터 좋은 모델을 구매하기를 권장한다.

▲ Futaba 사의 T14SG 조종기

T14SG 조종기의 특징은 14 채널을 운영할 수 있다는 점이다. 수신기의 모드 설정을 통해 S-Bus와 ch254 커넥터 단자를 이용해 14 채널을 사용하는 경우와, 수신기 두 개를 한 개의 조종기에 동시에 바인딩(Binding)하여 14 채널을 사용하는 방식이다. 필자가 T14SG 모델을 좋아하는 이유 중 하나는 T14SG 모델의 두 번째 방식을 지원하고 있기 때문이다.

산업용 소방 드론을 제작하면서 특이점 하나는 방화수를 분사할 고압의 호스를 장착하고 비행을 하는 것이다. 단순히 비행만 한다면 수신기 또한 기체에 한 개를 장착하면 되지만, 이번 설계에서 중요한 포인트는 지상에 있는 1차 펌프를 이용해 고압의 방화수를 고도 100m까지 밀어 올리고 이후 2차 펌프가 방화수를 받아 분사하는 구조이다.

 양쌤's talk

T14SG 모델을 포함한 중급 이상의 조종기 모델은 한 대의 조종기로 여러 대의 기체를 세팅하여 조종이 가능합니다. 수신기를 추가 구매하고 사용 시 각 개별 기체를 선택하여 사용하지만, 조종기 본체를 추가로 구매할 필요는 없습니다.

▲ 지상의 1차 펌프와 기체의 2차 펌프로 운영되는 소방 드론

무선으로 제어를 해야 할 것이 고도 100m 상공의 기체도 있지만, 지상의 엔진으로 작동하는 1차 펌프까지 포함된다. 이런 경우 T14SG 모델의 두 개 수신기를 바인딩할 수 있는 기능은 매우 중요하다.

조종기의 초기 화면 구성이다. 좌측 상단에는 사용자가 원하는 조종기 명칭을 영문으로 표기할 수 있으며 중간에 'new5'와 같이 설정된 기체의 명칭을 표기할 수도 있다.

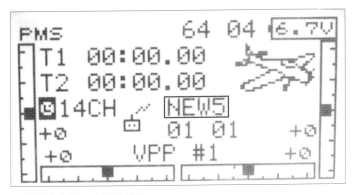

▲ T14SG 조종기의 초기 화면

조종기의 전압 상태의 모니터와 각 트림의 설정 상태, 그리고 설정 시 비행시간 등을
모니터할 수 있게 구성되어 있다.

▲ T14SG 조종기

T14SG 조종기는 우측 하단에 터치 버튼이 있다. 원하는 설정 메뉴를 터치하게 되면
해당 설정 메뉴로 화면이 전환된다. 메뉴를 시계방향 혹은 시계 반대방향으로 문지
르듯 원을 그리면 그 기능으로 해당 메뉴의 설정값을 바꿀 수 있다. 이를 참고하여
설정 가능한 각각의 메뉴와 조종기의 기능을 알아보자.

먼저 'LNK'는 LINKAGE 메뉴이며 2페이지로 구성되어 있다.

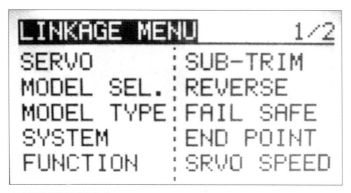

▲ LINKAGE MENU 1

첫 번째 LINKAGE 메뉴에는 저장된 기체를 불러오는 기능과 수신기의 채널에 연결된 서보 모터 혹은 변속기와 같은 연결된 장치를 제어할 수 있는 스위치의 할당과 제어를 하는 제어폭 및 제어 스피드 등 부가적인 기능을 설정할 수 있는 페이지이다.

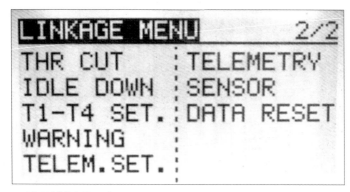

▲ LINKAGE MENU 2

LINKAGE 메뉴의 두 번째 페이지는 모터를 사용하는 멀티콥터형 드론에서는 사용하지 않는 기능이다. 가솔린 혹은 니트로 엔진을 끌 때 사용하는 스로틀 컷과 엔진의 회전수(RPM)를 고속으로 고정해 주는 아이들링 세팅과 데이터를 초기화하는 공통적인 설정을 할 수 있는 페이지이다.

LINKAGE 메뉴의 세부를 살펴보자.

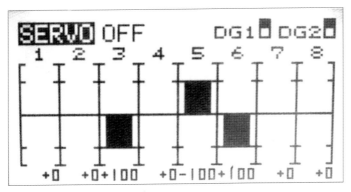

▲ SERVO

LINKAGE 메뉴의 세부 메뉴 중 Servo는 조종기의 조이스틱 혹은 토클 스위치를 장착하였을 때 각 채널별로 반응 방향과 반응 범위를 그래프 형식으로 모니터할 수 있게 보여주는 장치이다. 또한 멀티콥터형 드론을 제작할 때 사용되는 FC의 Assistant Program에서 각 채널의 모니터와 Reverse 설정이 가능하기 때문에 본 페이지는 볼 일이 없다.

▲ MODEL SEL

LINKAGE 메뉴의 두 번째 페이지인 Model sel 페이지는 저장된 기체를 불러오거나 혹은 새로운 기체를 입력할 수 있는 페이지이다. 기존에 저장된 기체 정보를 불러올 때 해당되는 기체를 선택하여 불러오면 된다.

```
MODEL TYPE

TYPE        AIRPLANE
WING        NORMAL
            1AIL
TAIL        NORMAL
```

▲ MODEL TYPE

```
EXECUTE: "YES"(1sec)

TYPE    * HELICOPTER
SWASH   * HR3



              YES    NO
```

▲ HELICOPTER로 선택 가능

새로운 기체를 등록할 경우에는 'NEW'를 선택하면 되는데 이때 Model Type이라는 페이지가 추가로 생성된다. Type에서 비행기기 혹은 헬리콥터, 글라이더 방식 중 한 가지를 선택하면 된다. 멀티콥터형 드론은 비행기 방식을 사용하고 있으며 최근 제조된 조종기에는 멀티콥터를 선택할 수 있는 메뉴가 추가되었다.

양쌤's talk

비행기와 헬리콥터는 비행을 위한 제어 방식이 다릅니다. 조종기에서 출력할 때 사용되는 Mixing Program이 다르므로 멀티콥터형 드론 제작 시 반드시 '비행기' 혹은 '멀티콥터'를 선택해야 합니다.

```
SYSTEM

FASSTest-14CH SINGLE G
P144201009
        B.F/S
LINK    3.8V
TELEMETRY
ACT DL 1.0s
```

▲ SYSTEM

LINKAGE 메뉴의 네 번째 페이지는 조종기의 채널 상태 및 수신기와의 바인딩 상태를 모니터할 수 있다.

중간의 'LINK'를 클릭하면 새로운 수신기를 바인딩할 수 있으며, 앞서 설명했던 두 개의 수신기를 바인딩하고 설정하는 것 또한 이 페이지에서 할 수 있다.

▲ FUNCTION

LINKAGE 메뉴 다섯 번째는 수신기의 ch254 단자를 통해 연결된 기기를 제어하는 조종기의 스위치를 할당하는 페이지이다. 변경하고 싶은 해당 채널과 'CTRL' 라인과 교차되는 칸을 선택한 뒤 새로 생성되는 페이지에서 해당 스위치를 선택한다. 참고로 모든 조종기의 각 스위치는 옆에 해당 스위치 번호를 표기하고 있다. 또한 스틱의 미세 조정 및 0점 조율하는 'TRIM' 스위치의 할당도 이 페이지에서 설정한다.

이 페이지의 명칭은 제조사마다 차이가 있어 혼동될 수 있지만, 설정 방법과 기능은 모두 같다. 단, 저렴한 보급형 조종기에는 이 기능이 부여되지 않는다.

▲ SUB-TRIM

LINKAGE 메뉴의 여섯 번째 설정은 네 번째 페이지의 'TRIM'으로 할당된 스위치의 0점을 조정하는 페이지이다.

조종기의 많은 스위치 중 주조종에 사용되는 'J' 계열 4 채널의 스틱 'TRIM' 스위치는 조종기 전면에 장착되어 비행 중에도 수동으로 즉시 변경할 수 있다. 다른 채널은 일반 토클 스위치에 할당하고 'TRIM'을 일반 노브 스위치에 할당할 경우 해당 비행 중 수동으로 'TRIM'을 설정할 수는 있지만 단순한 0점의 변경과 노브 스위치의 부족으로 'TRIM' 스위치의 할당이 불가능한 경우 이 페이지에서 출력 채널의 0점을 조정할 수 있다.

양쌤's talk

서보의 트림 설정은 조종기의 스틱 혹은 스위치와 서보 모터의 0점을 맞춰주는 Calibration 세팅 과정이라고 생각하면 쉽습니다. 멀티콥터형 드론의 FC 설정에는 대부분 사용되지 않으나 추가로 장착하여 구동시키는 서보 모터 사용 시 이용하게 되는 기능입니다.

```
REVERSE          1/2
1AIL NORM  6VPP  NORM
2ELE NORM  7AUX5 NORM
3THR NORM  8AUX4 NORM
4RUD NORM  9AUX1 NORM
5GEAR NORM 10AUX1 NORM
```

▲ REVERSE

LINKAGE 메뉴의 일곱 번째 메뉴인 'Reverse'는 조종기에서 설정할 수 있는 중요한 메뉴 중 하나로 출력되는 채널의 신호 방향을 바꿔주는 기능이다. 장착된 서보 모터의 방향이 시계방향이라고 가정할 때 해당되는 채널을 'NORM'에서 'REV'로 선택하면, 서보 모터의 회전 방향이 시계 반대방향으로 바뀌게 된다. 이 또한 FC 설정에서 바꿀 수는 있지만 FC를 통해 제어하지 않고 수신기에서 직접 신호를 받는 경우에는 반드시 조종기의 이 페이지에서만 변경 가능하다.

```
FAIL SAFE                    1/4
        F/S  B.F/S  POS
 1 AIL  HOLD  OFF
 2 ELE  HOLD  OFF
 3 THR  HOLD  OFF
 4 RUD  HOLD  OFF
```

▲ FAIL SAFE

LINKAGE 메뉴의 여덟 번째 메뉴인 'Fail Safe'는 조종기와 수신기 간의 전파가 끊어지게 되면 이후 서보 모터의 반응 방법을 설정하는 메뉴이다. 멀티콥터형 드론은 FC에서 별도로 설정 가능하며, 그 기능이 조종기에서 지원하는 기능보다 월등하게 좋기 때문에 사용하지 않는다. 다만 수신기에서 신호를 직접 받는 채널이 있다면 그 채널에는 해당될 수 있다.

```
END POINT                    1/3
        +++◁)       (▷+++
 1 AIL  135 100    100 135
 2 ELE  135 100    100 135
 3 THR  135 100    100 135
 4 RUD  135 100    100 135
```

▲ END POINT

LINKAGE 메뉴의 아홉 번째 메뉴인 'End Pont' 또한 매우 중요한 기능 중 하나이다. End Point는 서보 모터의 움직임 범위를 제어하는 기능이다. 예를 들어, 조종기의 스틱을 0~100으로 조종했을 때 서보의 움직임을 20~80과 같이 범위를 줄일 수 있고, 반대로 조종기의 스틱 범위를 20~80으로 줄인 뒤 서보 모터의 움직임을 0~100으로 확보할 수도 있다.

이런 경우 통상적으로 엔진을 사용하는 비행기나 헬리콥터에서 조종기의 스로틀 스틱을 끝까지 내려도 엔진의 시동이 꺼지지 않게 설정할 경우 사용한다. 그리고 추가적으로는 다른 스위치를 할당하여 같은 서보의 움직임의 범위를 넓혀 시동을 꺼지게 하는 형식으로 응용하여 사용한다. 그러나 멀티콥터형 드론 세팅 시에는 설정 숫자 중 '100'으로 표기된 내측의 제어 값만 변경하여 사용해도 충분하다.

```
SRVO SPEED              1/2

 1AIL      0    5GEAR      0

 2ELE      0    6VPP       0

 3THR      0    7AUX5      0

 4RUD      0    8AUX4      0
```

▲ SRVO SPEED

LINKAGE 메뉴 열 번째 페이지인 'Srvo Speed'는 조종기의 스틱 혹은 토클 스위치로부터 출력된 신호에 반응하는 시간을 설정하는 페이지이다. 다른 제조사에서 제조된 모델의 경우 'Delay'로 표기되어 사용되고 있는 기능과 같다.

해당 채널에 설정값을 변경하게 되면, 서보 모터의 반응이 느려지며 엔진의 급격한 RPM(회전수)의 변화를 방지하여 조종자의 안전 및 엔진의 과부하를 방지한다. 드론에 부가적인 장비를 장착한 경우 토클 스위치에 의해 신호는 바로 출력되지만, 서보 모터의 급격한 반응을 방지할 경우 사용할 수 있는 기능이다. 본 개발에서는 노즐의 상하를 조절하는데 약간의 딜레이를 설정할 계획이다.

▲ 피스톤형 서보 모터를 이용해 각도를 제어하는 소방 드론 노즐

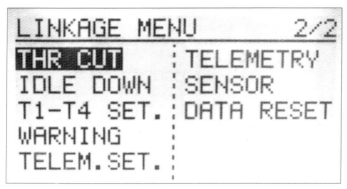

▲ LINKAGE MENU

LINKAGE 메뉴의 두 번째 페이지에 있는 기능은 엔진 시동을 끄는 기능과 엔진의 RPM을 고정하는 등 현실적으로 드론형 멀티콥터에서는 사용되고 있지 않는 기능이므로 생략한다.

▲ SYSTEM MENU

다음은 'System Menu'이다. 사용자 이름, 소리 등 부가적인 기능을 설정하게 된다. 피교육생의 조종기와 지도 조종자의 조종기를 연결하여 비상 시 지도 조종자의 조종기로 전환하여 안전하게 기체를 착륙시킬 수 있는 'Trainer' 모드의 설정과, 이륙에서부터 착륙까지 총 비행시간을 기록하고 모니터할 수 있는 기능이 있다.

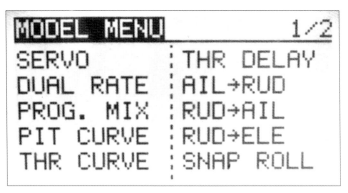

▲ MODEL MENU

마지막으로 Model Menu에서는 서보로 출력되는 신호를 믹싱하는 페이지이다. 사실상 멀티콥터용 드론에서는 사용할 있이 없으나 메뉴 중 피치 커브(PIT CURVE)와 스로틀 커브(THR CURVE)는 눈여겨 볼 만한 기능이다.

양쌤's talk

조종기 기능에 대한 전체적인 설명과 피치 커브와 스로틀 커브의 예제 동영상을 확인해 볼 수 있습니다.

나머지 설정 메뉴는 본 제작과는 무관한 기능으로 자세한 설명은 각 메이커에서 제공하는 설명서를 참고하기 바란다.

A3 Assistant 기능과 설정 방법

▲ DJI A3 Assistant Program

PC 혹은 노트북에 DJI A3 Assistant Program을 설치하고 기체에 전원을 인가 후 A3를 PC 혹은 노트북에 접속하면 처음 나오는 화면이다.

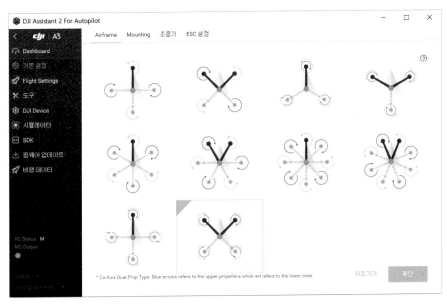

▲ Airframe

물론 메인 화면은 전체적인 세팅 상태를 모니터할 수 있게 구성되어 있다. A3를 사용하여 기체를 세팅할 때 맨 처음 해야 할 것은 바로 좌측 두 번째 설정 메뉴인 '기본 설정' 메뉴이다.

기본 설정 메뉴로 들어가면 'Airframe', 'Mounting', '조종기', 'ESC 설정' 네 가지의 세부 메뉴가 나온다. 먼저 'Airframe'은 제작되는 기체의 프레임 형태를 선택하는 페이지이다. 본 산업용 소방 드론 제작에서는 X8 방식을 사용할 예정이며, 모터와 모터 사이에 분사 노즐이 장착될 예정이므로 설정 메뉴에서 X8 프레임 방식에 X 형태로 전방을 구성하는 형태를 선택하였다. NAZA-M V2의 경우 이 페이지에서 모터의 회전 방향을 테스트하였지만, A3 Assistant에서는 이후 ESC 설정 페이지에 모터 테스트 기능이 있다.

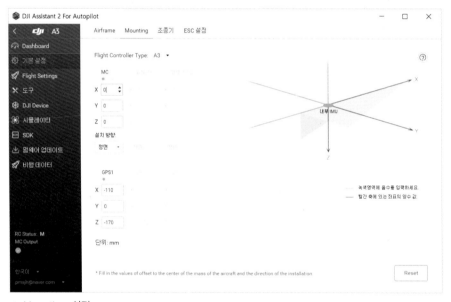

▲ Mounting 설정

'기본 설정'의 두 번째 페이지인 'Mounting'에서는 구매한 FC의 모델을 설정하고 이후 장착된 IMU와 GPS 안테나의 위치를 기록할 수 있다. NAZA-M V2와 마찬가지로 빨간색으로 표기된 것이 (+) 방향이므로 녹색 방향으로 장착될 경우 필히 (−)를 입력해야 한다. 또한 A3 Assistant에서는 위치를 표기할 수 있는 단위가 mm까지 세분화되어 있다. 따라서 mm 단위로 위치를 표기해야 한다는 점을 꼭 기억해야 한다.

▲ 비행 Mode 제어 설정

'기본 설정'의 세 번째 메뉴인 '조종기' 페이지에서는 비행 모드를 전환할 수 있는 모드 변경한다. FC와 연결된 조종기와의 0점을 조정하는 조종기 스틱 Calibration과 조종기의 Function과 비슷한 수신 채널에 대한 출력 채널 설정 및 리버스 설정을 할 수 있다.

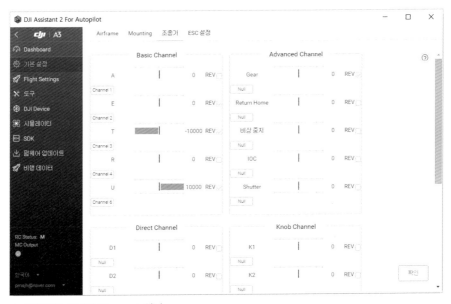

▲ 조종기와 연결된 Channel 설정

조종기의 스틱 및 할당된 토클 스위치를 움직이면 채널 설정 모니터에서 파란색으로 움직임이 모니터된다. 이때 좌우로 움직이는 스틱은 모니터에서도 좌우로 움직이면 된다. 상하로 움직이는 스틱은 반드시 모니터에서 오른쪽이 조종기 스틱의 상단, 왼쪽이 조종기 스틱의 하단이 되어야만 한다. 반대로 움직인다면 해당 채널의 'REV'(리버스)를 체크하여 조종기의 움직임과 모니터상의 파란색 표시의 방향이 일치하게 한다.

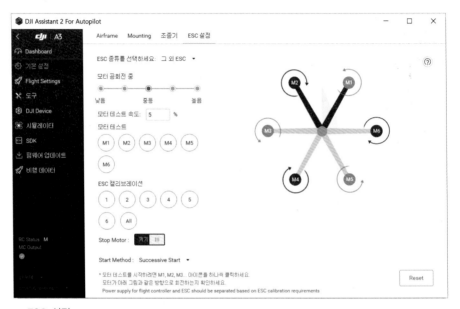

▲ ESC 설정

'기본 설정'의 마지막 메뉴인 'ESC 설정'은 처음 시동 시 모터의 공회전 속도를 설정하고 장착된 모터의 작동 여부 및 회전 방향을 점검할 수 있도록 되어 있다. 시동 후 공회전하는 모터의 속도는 실제 시동 후 그 속도를 보고 사용자가 직접 선택하되 대부분 중간 지점을 선택하는 것이 가장 무난한 설정이다.

두 번째, 모터 테스트는 모터를 개별적으로 회전하여 회전 방향 및 회전 여부를 확인하는 부가적인 기능이다. 반드시 모터에서 프로펠러를 제거한 뒤 사용해야 하며 모터의 회전 방향 기준은 해당 모터 번호 주변에 있는 화살표의 회전 방향과 일치하면 된다. 화살표와 회전 방향이 다를 때에는 앞에서 설명한 '변속기의 회전 방향 설정' 부분을 다시 확인하여 반드시 회전 방향을 일치시켜야 한다.

마지막으로 ESC Calibration 메뉴를 통해 모터 전체를 한 번에 Calibration하지만, 변속기의 제조사 및 모델에 따라 본 기능으로는 세팅의 오차가 생기는 경우가 종종 있고 이를 모니터하기 어렵기 때문에 기체를 조립하는 과정에서 1차적인 변속기의 Calibration을 마무리한 뒤 본 기능을 통해 2차 Calibration하는 것을 권장한다.

▲ 동력 구성

'Flight Settings' 메뉴의 첫 번째 세부 메뉴인 '동력 구성' 페이지에서는 기체의 비행 감도를 설정할 수 있다. 기체의 비행 감도는 해당 감도에 원하는 설정값을 입력하면 되지만, 사실 반복해서 제작하는 기체가 아닌 이상 비행 전 필요한 값을 알기란 불가능하다. 하지만 DJI의 경우 100을 기준으로 했을 때 대부분 추락할 정도로 비행 감도가 부족하거나 나쁘지는 않다.

그래도 조심해야 하므로 최초 100을 기준으로 토끼뜀을 뛰듯 짧은 시간의 비행을 반복하며 정밀하게 감도 값을 찾아가는 것이 최선이다. 하지만 이런 경우 수차례 PC 및 노트북과 기체를 연결하며 감도 값을 변경해야 하는 번거로움이 있다. 이를 해결하기 위해 DJI 및 몇몇 제조사에서는 비행 중 감도 값을 즉각적으로 수정할 수 있게 돕고 있다. 그렇기 때문에 DJI 모델은 감도 값을 입력하는 창 옆 'Disabled'를 클릭하면 'K1~'과 같은 채널 명이 펼쳐진다.

그 중 임의의 한 채널을 선택한 뒤 '기본 설정' 메뉴 중 '조종기' 설정 메뉴에서 우측 하단의 '채널'을 클릭한다. 채널 설정 메뉴로 들어간 뒤 'Knob channel' 채널에서 조종기의 노브 스위치를 해당 채널로 설정하게 되면 비행 중에도 비행 감도에 대한 설정값을 변경할 수 있어 단 한 번의 비행으로 모든 방향의 비행 감도 설정이 가능하다. 단, NAZA-M V2는 동시에 2개 채널을 지원하므로 최소 두 번의 비행으로 설정 가능하다. 기타 브랜드의 제품은 해당 제조사에서 제공하는 라이브세팅 기능을 활용하면 된다.

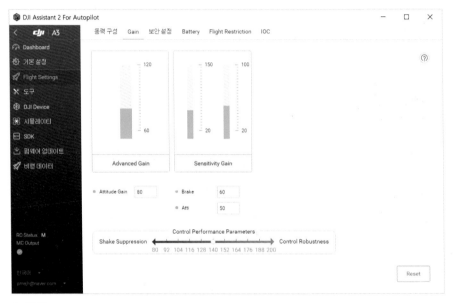

▲ Gain

'Flight Settings' 메뉴의 두 번째 페이지인 'Gain'에서는 비행 중 멈출 때 자동으로 기체를 진행 방향의 반대 방향으로 기울여 브레이크를 잡는 일명 'Air Brake'를 잡을 수 있는 메뉴가 추가되었다.

일반 자동차의 경우 달리다가 브레이크를 밟으면 브레이크에 의해 바퀴의 회전수가 감소하고, 감소된 바퀴가 노면의 마찰에 의해 자동차는 정지하게 된다. 그러나 비행기는 노면과 같이 큰 마찰력을 공기 중에서 얻을 수 없기 때문에 기체를 진행 방향의 역방향으로 급격하게 기울여 하향풍을 진행 방향으로 보내는 형식을 취해 브레이크를 잡아 정지하게 된다. 초보자는 다소 부담스러운 조종 기술이다. 이를 돕고자 자동으로 'Air Brake'를 작동할 수 있는 기능과 그 감도를 설정할 수 있다.

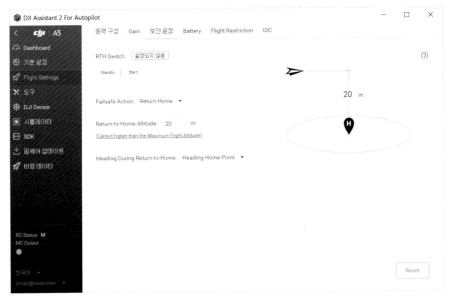

▲ 보안 설정

'Flight Settings' 메뉴의 '보안 설정'에서는 조종기와 기체 간의 통신이 불가능할 때 기체를 처음 비행했던 곳으로 자동 복귀 시 그 조건을 설정하는 페이지이다. 범위는 자동 복귀하는 기체의 고도와 기체의 방향을 설정할 수 있다. 참고로 비행 시 처음 기체에 전원을 인가한 지점이 자동 복귀 지점이며 고도는 0m가 된다. 또한 자동 복귀 중이라도 기체가 가시거리에 들어오면 이를 해제하고 다시 조종자의 조종에 따른 비행이 가능하다.

양쌤's talk

· 기체와 조종기 간의 통신 두절 시 기체는 자율 비행으로 자동 복귀하게 됩니다. 그러므로 비행을 시작할 때에는 최소 반경 15m 상공에 전깃줄과 나무와 같은 장애물이 없어야 합니다.

· 기본 세팅이 완료된 기체는 반드시 지자기 센서 세팅을 해주어야 합니다. DJI 사의 FC를 사용한 경우 비행 모드 변경을 위해 할당된 스위치를 6~9회 정도 조작하면 기체의 상태를 알리는 LED의 불빛이 고정 불빛으로 바뀌게 되고, 이때 기체를 수평으로 한 바퀴, 수직으로 세워 한 바퀴를 돌리면 됩니다. 하지만 사용하는 FC에 따라 방법은 전혀 다르므로 구매한 FC의 제조사에서 권장하는 방법을 숙지한 뒤 세팅하는 것이 좋습니다.

▲ Battery

'Flight Settings' 메뉴의 네 번째는 배터리 부족 시 기체의 반응을 설정할 수 있는 페이지이다. NAZA-M V2에서는 배터리 부족 시 LED를 통해 저전압 경고만 가능했지만, A3에서는 LED를 통한 저전압 경고 외 자동 복귀 혹은 그 자리에서 착륙과 같은 기체의 반응을 사전에 설정할 수 있다.

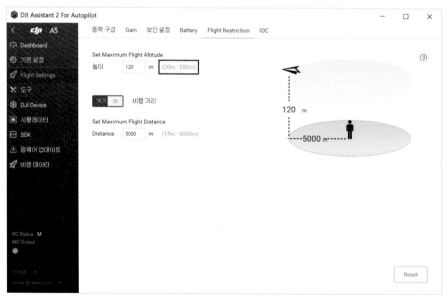

▲ Flight Restriction

'Flight Settings' 메뉴의 다섯 번째는 기체의 조종 범위를 정하는 페이지로 비행할 수 있는 최대 고도와 거리(반경)를 설정 가능하다. 위 그림의 고도 설정 범위는 20m~500m이다.

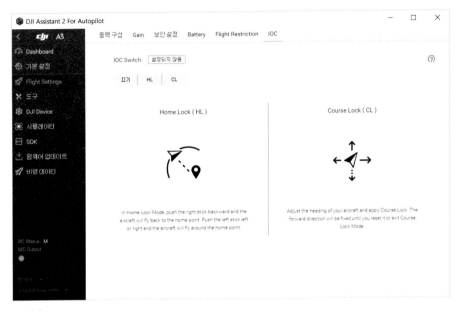

▲ IOC

대부분의 조종기는 평균 제어 범위가 1.2km 내외이므로, 고도 또한 500m 넘게 조종은 가능하다. 하지만 민간 항공기와의 추돌 위험과 항공 및 군사보안 관련 법규를 감안하여 제조사에서 한계를 정해 놓은 것이다. 따라서 나만의 재미와 즐거움 이전에 다른 사람들의 안전이 우선되어야만 한다는 것을 절대 잊지 말아야 한다.

'Flight Settings' 메뉴의 마지막 페이지인 'IOC'는 가시거리 내에서 직접 기체를 육안으로 보며 조종하는 가시비행 시 기체의 전후방 구분이 어려운 상태를 보다 편리하게 조종할 수 있게 도움을 주는 부가 기능의 설정이 가능한 페이지이다. 자세한 설명은 FC의 기능 혹은 NAZA-M V2 설명 페이지를 참고하면 된다.

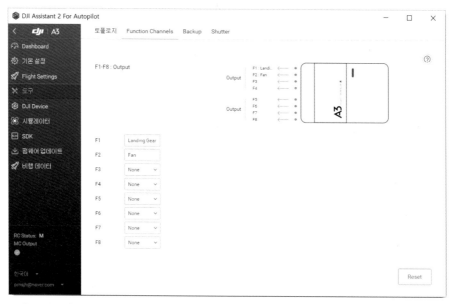

▲ Function Channels

다음은 '도구' 메뉴의 'Function Channels' 페이지이다. 이 페이지에서는 비행에 필요한 기본 사용 채널을 제외한 나머지 채널을 외부 장비를 사용할 수 있게 외부로의 출력을 설정할 수 있는 페이지로 '기본 설정'→ '조종기' → '채널' 경로로 들어가 나오는 페이지와 연계하여 설정 가능하다.

▲ 조종기

S-Bus 혹은 D-Bus로 FC와 수신기를 결선하여 모든 채널이 FC로 귀속되면 남는 채널을 수신기에서 사용이 불가능하다(일부 모델 제외). 그러므로 이 기능을 잘 이용하면 모든 채널을 활용할 수 있다. 그러나 본 개발에서는 비행 중 감도 설정을 위한 채널 사용 시 설정 페이지의 기능을 사용하나 방화수의 분사 및 노즐의 각도 변화는 수신기에서 바로 신호를 보내 사용할 계획이다.

⑨ 비행 전 안전을 위한 체크 사항

비행 금지 구역과 항공 촬영 금지 구역

초경량 비행 장치의 비행 금지 구역의 대표적인 예는 공항이고, 항공 촬영 금지 구역의 대표적인 예는 군사시설이다. 비행 금지 구역은 모든 초경량 비행 장치의 비행이 금지되므로 당연히 항공 촬영 또한 금지된다. 그러나 항공 촬영 금지 구역 중에는 일부 초경량 비행 장치의 일반적인 비행은 허용되는 곳도 있다. 따라서 비행 전 체크 사항 중 가장 큰 것은 현재 비행하고자 하는 곳이 비행 금지 구역인지, 항공 촬영 금지 구역인지를 먼저 파악한 후에 비행을 시도해야 한다.

모터 및 프로펠러 상태 확인

모터의 경우 대부분이 스냅링으로 샤프트를 고정하는 것이 대부분이다. 비행 횟수가 증가하거나 관리를 잘못할 경우 비행 중 모터의 케이스가 빠져 추락하는 경우가 과거에는 많이 발생하였다. 따라서 비행 전 모터의 상태를 체크하는 것은 매우 중요한 점검 절차이다. 또한 프로펠러의 경우 살짝 파손된 때에는 그대로 사용하는 경우가 많다. 하지만 4,000~6,000RPM으로 고속으로 회전하게 되는 프로펠러는 파손으로 인해 무게 균형이 깨지게 되면 진동 발생으로 원활한 조종이 불가능할 수 있고, 심각하게는 균열이 생겨 비행 중 프로펠러 파손에 의한 추락 사고가 발생할 수 있다. 그러므로 비행 전 프로펠러 점검에서 이런 부분이 확인된다면 과감히 교체해야 한다.

기체 조립 상태 확인

대부분의 기체는 볼트와 너트로 체결되어 있다. 비행 횟수가 증가하게 되면 볼트와 너트의 체결이 불량해 추락하게 되는 경우가 종종 있다. 따라서 비행 전에는 항상 볼트와 너트의 조임 상태를 반드시 확인 후 비행해야 한다.

배터리 고정 및 상태

비행 중 기체는 상당한 진동에 노출된다. 그렇기 때문에 배터리의 고정은 강조해도 지나치지가 않는다. 잠깐 비행한 배터리라고 해서 바로 다시 쓰는 경우가 종종 있지만, 사용된 배터리는 비행 전 체크한 전압이 비행 후 급격하게 줄어들어 조종자가 긴장하여 사고로 이어지는 경우가 있다. 따라서 매 비행 시 완충된 배터리만을 사용하고, 배가 부른 배터리는 과감하게 폐기하여야 한다. 조종기의 배터리 상태도 반드시 확인한다. Li-Po 배터리는 방전 후 염도 20% 이상의 소금물에 하루 정도 담가둔 뒤 폐기하면 된다. 만약 이런 과정을 생략하고 폐기할 경우 화재의 위험성이 매우 높다.

비행 전 FC 상태 확인

대부분 FC는 LED를 통해 현재의 상태를 표시한다. 하지만 LED의 불빛에만 의지하는 것이 아니라 추가적인 기능을 이용해 좀 더 확인해 볼 필요가 있다. DJI 사에서 제작한 FC의 경우 매뉴얼 모드에서는 시동이 자동으로 꺼지지 않아 수동으로 꺼야 한다. ATTI 혹은 GPS 모드일 때에는 시동 후 3초 이내 스로틀 스틱을 조작하지 않으면 자동으로 시동이 꺼지게 된다. 타사의 모델들도 동일한 기능이 있는 제품이 많다. 이 기능을 응용하여 비행 전 매뉴얼 모드와 ATTI 혹은 GPS 모드에서 시동을 켜고 끄기를 반복해보면, 이륙 전 FC의 정상적인 작동 유무 상태를 추가적으로 확인해 볼 수 있다.

고속 아이들링 상태에서의 기체 반응 점검

대부분의 기체는 조종기의 스로틀 스틱을 중간 지점까지 올린 경우 모터를 이륙 직전의 고속으로 회전하고 있지만 이륙하지는 않는다. 이 상태에서 조종 스틱을 조금씩 움직여 보면 전후좌우로 살짝 움직이는 것을 볼 수 있다. 만약 본인이 조종하는 방향과 기체의 기우뚱하는 움직임이 다르다면 즉시 비행을 멈추고 FC의 상태 점검 혹은 조종기의 조종 모드 등을 확인해야 한다. 특별한 문제점이 없다면 1.5~2m 정도 고도를 유지한 뒤 다시 전후좌우 조작에 대한 기체 반응을 확인하고 비행하면 된다. 이와 같은 점검을 위한 조종 시에는 반드시 스틱을 조금씩만 움직여야 한다.

마무리하며

사람들이 기술의 발전에 대해 처음 갖는 생각은 아마도 '좀 더 편리하게 살 수 있고 보다 저렴한 가격으로 제품을 구입할 수 있겠다'는 것이었습니다. 그렇기 때문에 현재 기계화 및 자동화된 기술로 인해 사람들은 매우 편리한 세상을 살 수 있게 되었습니다.

그러나 자판기의 개발은 판매 사원의 일자리, 기계화로 자동화된 생산 라인은 생산직 일자리의 사라짐이라는 결과를 초래하고 있습니다. 그래도 누군가는 또 무언가를 개발하고 발전시켜 나가야 한다면 드론의 제작 기술은 오히려 일자리 창출과 사람들의 안전을 담보할 수 있는 매력이 있다고 필자는 확신하고 있습니다.

최근 많은 사람들의 관심은 드론 산업의 발전보다는 당장의 재미에 빠져있습니다. 때문에 또 다시 중국과 미국의 드론 속국이 되어가고 있는 것이 아닌가하는 현실에 마음이 아픕니다. 그래서 본서를 통해 학습하는 여러분께 진심으로 도움이 되고 싶습니다. 그 이유는 이 책을 보는 여러분 덕분에 대한민국이 드론 속국이 아닌 드론 종주국이 될 수 있는 희망이 생겼기 때문입니다.

이어 출간될 책에는 모든 부품을 국산 제품으로 사용하여 소개할 수 있기를 바라봅니다.

마지막으로 비행 전 가장 중요하게 생각해야 할 것은 나만의 즐거움이 아닌 **타인의 안전에 대한 배려**가 먼저라는 것을 항상 기억하기 바랍니다.

▲ 필자가 제작 중인 소방 드론, 최대 직경 237cm

APPENDIX

Silicone Wire

Specification:

Nominal Voltage:	600V	Testing Voltage:	2000V
Temperature Range:	_60°C+200°C	OD Tolerance:	_/+0.1mm
Conductor	Tinned Copper	Insulator	Silicone

They are the same with the inner fixed wires for headlamp, home
Appliance, mechanical and electrical machines, ect.

Conductor			Insulation		Max.Cond Resistance (Ohm/Km)	Permittalbe Current(A)	Pakcing (M/Roll)
AWG	Construction (NO./mm)	Diameter (mm)	Nominal thickness (mm)	OD (mm)			
30	11/0.08	0.3	0.55	1.2	331	0.8	100
28	16/0.08	0.36	0.55	1.3	227.2	1.25	100
26	30/0.08	0.46	0.55	1.5	123	3.5	100
24	40/0.08	0.61	0.55	1.6	97.6	5	100
22	60/0.08	0.78	0.55	1.7	88.6	8.73	100
20	100/0.08	0.92	0.55	1.8	62.5	13.87	100
18	150/0.08	1.19	0.55	2.3	39.5	22	100
16	252/0.08	1.53	0.8	3	24.4	35	100
14	400/0.08	1.78	0.9	3.5	15.6	55.6	100
12	680/0.08	2.48	1	4.5	9.8	88.4	100
10	1050/0.08	3.06	1	5	6.3	140	100
8	1650/0.08	3.75	1.13	6.5	4	200	100

모든 초경량 비행 장치는 관할 지방항공청에 등록 및 신고를 하여야 한다. 또한 등록
및 신고 시 영업배상보험을 의무적으로 가입해야 하나, 비영리 및 개발 중에 있는 제
품의 안정성 검사를 위한 등록의 경우 보험 가입에서 제외된다.

초경량 비행 장치의 등록 절차는 각종 서류를 준비하여 지방항공청에 방문 접수하거나
'정부24' 홈페이지에서 '초경량 비행 장치 신고'를 검색한 뒤 해당되는 신고서를 택하여
온라인 신고도 가능하다. 첨부된 신고 서식은 바뀔 수 있으므로 참고하기 바란다.

▲ 출처 : 정부24 www.gov.kr

초경량 비행 장치 신고서

[별지 제29서식] 〈개정 2013.2.15〉

(앞 쪽)

<table>
<tr>
<td colspan="2" rowspan="2">접수번호
※</td>
<td colspan="4">초경량 비행 장치 신고서
■ 신 규 □ 변경·이전 □ 말 소</td>
<td>처리기간</td>
</tr>
<tr>
<td>7일</td>
</tr>
<tr>
<td rowspan="6">비
행
장
치</td>
<td>① 종 류</td>
<td colspan="2">SNU-FA</td>
<td>② 신고번호</td>
<td colspan="2"></td>
</tr>
<tr>
<td>③ 형 식</td>
<td colspan="2">옥토콥터</td>
<td>④ 용도</td>
<td colspan="2">■ 영리 □ 비영리</td>
</tr>
<tr>
<td>⑤ 제 작 자</td>
<td colspan="5">Eye To Eye</td>
</tr>
<tr>
<td>⑥ 제작번호</td>
<td colspan="2">EyE-17-000-00</td>
<td>⑦ 제작연월일</td>
<td colspan="2">2018. 12. 25</td>
</tr>
<tr>
<td>⑧ 보 관 처</td>
<td colspan="5">제주도 제주시 함덕남 14길 26</td>
</tr>
<tr>
<td colspan="6"></td>
</tr>
<tr>
<td rowspan="3">소
유
자</td>
<td>⑨ 성명·명칭</td>
<td colspan="5">양 정 환</td>
</tr>
<tr>
<td>⑩ 주 소</td>
<td colspan="5">제주도 제주시 함덕남 14길 26</td>
</tr>
<tr>
<td>⑪ 생년월일</td>
<td colspan="2">○○○○년 ○월 ○일</td>
<td>⑫ 전화번호</td>
<td colspan="2">010-0000-0000</td>
</tr>
<tr>
<td colspan="2">변경·이전 사항</td>
<td colspan="2">⑬ 변경·이전 전</td>
<td colspan="2">⑭ 변경·이전 후</td>
</tr>
<tr>
<td colspan="2">말소 사유</td>
<td colspan="4"></td>
</tr>
<tr>
<td colspan="3">「항공법」제23조제1항 및 같은 법 시행규칙</td>
<td></td>
<td>□ 제65조제1항
□ 제65조제5항</td>
<td></td>
</tr>
<tr>
<td colspan="3">초경량 비행 장치의</td>
<td></td>
<td>■ 소유
□ 변경·이전
□ 말소</td>
<td>을(를) 신고합니다.</td>
</tr>
</table>

에 따라

2018 년 12 월 25 일

신고인 양 정 환 (인)

지방항공청장 귀하

※ **구비서류**(이전·변경 시에는 각 호의 서류 중 해당 서류만 제출 가능하며, 말소 시에는 제외한다)

1. 초경량 비행 장치를 소유하고 있음을 증명하는 서류를 첨부합니다.

2. 삭제 〈2013.2.15〉

3. 초경량 비행 장치의 제원 및 성능표를 첨부합니다.

4. 초경량 비행 장치의 사진(가로 15cm × 세로 10cm의 측면사진)을 첨부합니다.

5. 보험가입을 증명할 수 있는 서류(법 제23조제5항에 따른 영리목적인 경우만 해당한다)를 첨부합니다.

작성 시 유의사항: ※ 표시란은 적지 않습니다.

210mm × 297mm[일반용지 60g/㎡(재활용품)]

초경량 비행 장치의 제원 및 성능표

소유자		양 정 환	형식	옥토콥터
종류		SNU-FA	제작자	Eye To Eye
제작번호		EyE-17-0000-00	구매/제작 일자	2018. 12. 25
보험증권번호		—	보관처	Eye To Eye
용도		교육용	최대 비행시간	25분
주요제원	최고속도	22m/s (79.2km)	동력	모터
	순항속도	10m/s (36km)	자체중량	13.6kg(배터리 포함)
	실속속도	회전익	추가 적재 중량	11.4kg
	크기(mm)	1300 × 650	연료/배터리 용량	64000mA/h
	조종기	후타바_T-8FG	조종거리	최대 1.2km

Index